「ROEって何?」
という人のための
経営指標の教科書

Kazuyoshi Komiya
小宮　一慶

PHP
Business Shinsho

PHPビジネス新書

はじめに

「ROEって何ですか？」

部下や後輩からこう質問されたとき、あなたはきちんと説明することができますか？

勉強熱心な読者の中には、「自己資本利益率」と答えられる人もいるかもしれませんね。

それでは、次の質問はどうでしょう？


「最近、どこどこの企業が『ROE向上のために自社株買いを行った』という新聞記事をよく見かけます。企業が自社株買いをすると、どうしてROEが高まるのですか？」

「ROEとよく似た指標にROAというものがありますよね。この二つは何が違って、どちらがより重要なのですか？」


こう聞かれると、答えに詰まってしまう人がほとんどではないでしょうか（ちなみに、二つ目の質問に対する私の答えは、「ＲＯＡのほうが重要」です。本書の第2章でその理由を詳しく解説します）。

今、多くの経営者や投資家が、ＲＯＥという指標に注目しています。特に昨年後半あたりから、新聞やビジネス誌などの見出しに「ＲＯＥ」という言葉を見かけることが一気に増えました。例えば、日本経済新聞を読み返してみると、次のような見出しが目に飛び込んできます。

・「ＲＯＥ8％以上めざす　ＮＴＴデータ、2年後メド」（２０１５年３月13日付朝刊）
・「日立・三菱重がＲＯＥ目標　10％超、市場の声に応える」（同３月17日付朝刊）
・「ＴＤＫ『ＲＯＥ10％以上へ』　18年3月期、中期計画の主要指標に」（同３月21日付朝刊）

これらはほんの一部です。いまやＲＯＥという言葉を日経新聞で目にしない日はない、といっても過言ではありません（なぜいまＲＯＥがこれほど注目されているかについても、第2章で解説します）。

◆◆◆◆◆ なぜ、部長になる前に「経営指標」を学んでおくべきなのか？

ＲＯＥはいわゆる**「経営指標」**と呼ばれるものの一つです。

部長レベルになって役員が参加するような会議に出席すれば、ＲＯＥをはじめとする経営指標に関する話が多く出てくるでしょう。

そんなとき、「ＲＯＥって何？」という状態ではお話になりません。そこで「しまった……」と後悔しても遅いのです。本書で紹介しているレベルのことは、なるべく早い時期、**遅くとも課長レベルになったら真っ先に学んでおくべき**だと私は思います。

「でも、経理・財務部門ならともかく、ＲＯＥが何か分からなくたって普段の仕事は問題なくできますよ」とおっしゃるかもしれません。でも、これからは違ってくると思います。

例えばパナソニックは、「投下した『資本コスト』を上回る利益を出しているか」を示す経営指標（本書の第４章で説明する「ＥＶＡ」に近いもの）の運用を見直し、今後は事業部ごとに「資本コスト（１１４ページ参照）」を意識した経営を求める、としています（「日経新聞」２０１５年3月11日付朝刊)。

「事業部ごとに」ということは、さらにブレイクダウンされて、あなたの部署や現場にも「目標」としておりてくるようになる可能性がある、ということです。

少なくとも**課長レベルになったら、「ＲＯＥって何？」「資本コストって何？」というわけにはいかなくなる**でしょう。

冒頭から脅かすような話ばかりになってしまいましたが、経営指標が読めるようになることにはメリットがたくさんあります。

新入社員や若手社員でも、取引先が置かれている状況を分析することができれば、より深い提案ができるようになります。また、ライバル社の分析ができれば、自社の戦略立案にも役立ちます。個人投資家の方も、どんな会社に投資すればいいのかを考える際に、経営指標をチェックできるようになっておけば、損をする確率を下げられるでしょう。ビジネスマンなら当然昇進にもプラスですし、**経営指標を学ぶことはとてもレバレッジの効く自己投資**なのです。

◆◆◆◆◆ では、どのように経営指標を学べばいいのか？

ただ、経営指標は無数にあります。また、こうした経営指標を理解するには、財務諸表（損益計算書《そんえきけいさんしょ》、貸借対照表《たいしゃくたいしょうひょう》、キャッシュ・フロー計算書）の読み方を最低限マスターしていることも必要です。

ところが、経営指標を紹介した本は、基礎的な会計知識を理解した前提で書かれているものも少なくなく、会計初心者にはハードルが高いのです。

そこで本書では、**ビジネスパーソンが最低限身につけておくべき財務諸表の読み方と、それを使ってＲＯＥを含めた主要な経営指標を計算・分析する方法をセットで解説**することにしました（財務諸表をあらかた読める方は、その部分を飛ばす、あるいは、軽く読んでいただいてけっこうです）。

私は経営コンサルタントとして、仕事柄、たくさんの企業の財務諸表を見ています。会社の経営状況を分析するとき、いつも十分な時間があるとはかぎりません。いくつもの会社の非常勤役員や顧問をしていますので、短時間の会議の間にその会社の状況を素早く分析し、アドバイスをしなければいけないこともあります。

そうなると当然、財務諸表をはじからはじまで見てはいられません。そこでどうしているかというと、**チェックするポイントや指標を決めている**のです。

例えば、「1秒で企業の倒産危険性を調べたい」と思ったら「貸借対照表の流動資産と流動負債のどちらが多いか（流動比率、54ページ参照）」をチェックしますし、「資産の有効活用度合いを知りたい」と思えば資産と売上高を比べて「資産回転率（183ページ参照）」をさっと計算します。

このような財務諸表を見るときのコツも紹介していきます。

左ページは、本書で取り上げる主な指標のリストです。「教科書」とタイトルに銘打っているわりには数が少ないな、と感じた方もいるかもしれません。

経営指標の解説本やネットには、数多くの指標が紹介されています。しかし、その指標の定義や計算式を知っただけでは何の意味もないのです。それに、実際の企業分析の現場で使うものはそう多くはありません。

そこでこの本では**重要度が高いものを厳選し、そのかわりに一つひとつの指標を丁寧に解説**するようにしました。ですので、それぞれの指標の定義や計算式だけでなく、なぜ経営者や投資家はその指標を重視するか、どのくらいの数値であれば適正か、それを高めるために企業は具体的にどういうことをしているか、その指標をチェックするときに見落としがちな落とし穴はどこか……といったことまで深く理解できるはずです。

■本書で取り上げる主な経営指標

- ROE（自己資本利益率）
- ROA（資産利益率）
- WACC（加重平均資本コスト）
- EVA（経済付加価値）
- EBITDA倍率
- 自己資本比率
- 流動比率
- 当座比率
- 手元流動性
- 資産回転率
- 売上高成長率
- 売上原価率
- たな卸資産回転月数
- 販管費率
- 売上高営業利益率
- キャッシュフローマージン
- フリーキャッシュフロー
- D/Eレシオ

◆◆◆◆◆ 本書の構成

まず第1章では、ＲＯＥなどを理解するために必要な財務諸表の基礎知識を解説します。具体的には、財務諸表のうち、「貸借対照表」と「損益計算書」の基本的な構造と見方を説明し、**「株主資本」**と**「当期純利益」**というものがしっかりと理解できるようにしています。

会計知識ゼロの人でも分かるように基礎の基礎から解説していますので、ある程度会計知識がある人は第2章から読んでいただいてかまいません。

そして第2章では、ＲＯＥについて詳しく説明します。その定義や計算式はもちろん、

- **株主がＲＯＥを重視する理由**
- **今、日本でＲＯＥがブームになっている背景**
- **「高ＲＯＥ企業＝優良企業」とは限らないこと**
- **ＲＯＥを高めるよいやり方、悪いやり方**
- **ＲＯＥとＲＯＡの違い**

といった点についても解説していますので、この章を読めばＲＯＥについて完全理解できます。

また、ＲＯＥと関連してぜひとも頭に入れておきたいのが、先にもパナソニックの話題で少し触れた**「資本コスト」**という考え方です。そこで、この章では**「ＷＡＣＣ（加重平均資本コスト）」**というものも解説しています。あまり聞きなれないものかもしれませんが、これを理解すると、「資金を十分に持っているはずのトヨタが、多額の借金をしているのはなぜか」といったことが分かるようになります。

第３章は、まさに「経営指標の教科書」という内容です。日頃、私が企業分析をするときにチェックしているものを中心に紹介していきます。

財務諸表を開くと、「数字がたくさん並んでいて、どこを見ればいいか分からない」という人が多いと思いますが、ポイントさえ押さえてしまえば、さほど難しいものではありません。この章を読むと、

・**貸借対照表から、企業の「安全性」**
・**損益計算書から、企業の「収益性」**

・キャッシュ・フロー計算書から、企業の「将来性」がそれぞれ分析できるようになります。

最後の第4章は、発展編として、中上級者向けの指標や手法を紹介する章です。会社の価値（値段）を計算するときに使われる**「DCF法」**や**「EBITDA倍率」**、ROEの次に注目される可能性が高い**「EVA」**という指標にも触れます。

いきなり聞いたこともないような会計用語や経営指標がたくさん出てきて、「なんだか難しそう」と思われたかもしれませんが、順番にゆっくり読んでいけば決して難しくありません。むしろ、「えっ、ROEってこんな単純なことだったの!?」と驚くことのほうが多いはずです。

本書を読み終えたときには、皆さんはかなり財務諸表を実践的に分析できるようになっているはずです。それでは、スタートすることにしましょう。

【「ROEって何?」という人のための経営指標の教科書　目次】

第3章　財務諸表で「企業の実力」を分析する方法

――経営のプロは「ここ」を必ずチェックする！

【①「安全性」を分析するときのチェックポイント】 144

【②「収益性」を分析するときのチェックポイント】 178

第4章 ［発展編］ワンランク上の経営指標を学ぶ
――これが分かれば、ファイナンス上級者！

第1章

［準備編］

これだけは知っておきたい「貸借対照表」と「損益計算書」の基本

——最低限のポイントだけを分かりやすく解説！

第1章ではまず、「ROE」などの経営指標を理解するために最低限必要な「財務諸表の基礎知識」を解説します。

この章の最大のゴールは、「当期純利益」と「株主資本」がどういうものか、また、それらが財務諸表の中でどういう位置づけなのかを、しっかりと理解できるようになることです。さらには、財務諸表の基礎知識が身につくように工夫して説明しています。

「なんだか難しそう」と思われたかもしれませんが、会計知識ゼロの方でも分かるようにポイントを絞って分かりやすく解説しますので、安心して読み進めてください。なお、「これはすでに知っているよ」というところは読み飛ばしていただいてかまいません。

◆◆◆◆◆ そもそも、「決算」「財務諸表」とは何か？

新聞やニュースなどで、よく「決算」という言葉が出てきますね。基本中の基本として、まずここから説明しましょう。

決算とは、

・ある一定の期間に収入や支出がいくらあり、どれだけ儲かったか(あるいは損したか)
・資産や負債などの財産の状態がどうなっているか

といったことを計算することです。

決算は、通常、1年に一度行われますが、上場会社では四半期(3カ月)に一度行うことが義務付けられています。このような決算をする期間のことを「会計期間」と呼び、その最後の日を**「期末」「決算日」**と言います。

決算日は、会社によって異なります。例えば、1年の決算をする場合、決算日が3月末であれば「3月(期)決算」、12月末であれば「12月(期)決算」と呼びます。日本企業の場合は、8割以上が「3月(期)決算」です。

そして、会社が決算をするときに発表する決算書のことを**「財務諸表」**と呼びます。

財務諸表というと、一般に「難しい」というイメージがあります。それは、多くの人が、財務諸表の「作り方」を学ぼうとしているからです。たしかに、「作り方」をマスターするのは大変です。

しかし、会計の専門家や経理担当になるのであれば話は別ですが、**経営者や一般のビジネ**

スパーソンが財務諸表を「作れる」ようになる必要はまったくありません。「読める」ようになれば十分です。したがって本書では、もっぱら「読み方」を解説していきます。その際に、「指標」を使って読むことも必要になるわけです。

◆◆◆◆◆三つの財務諸表から何が分かるか？

財務諸表は、大きく分けて**「貸借対照表」「損益計算書」「キャッシュ・フロー計算書」**という三つの表で構成されています（「キャッシュ・フロー計算書」と書くと少し煩雑ですので、本書では「キャッシュフロー計算書」と表記します）。それぞれどんなもので、そこから何が読み取れるかを、ここではごく簡単にだけ説明しておきましょう。

まず、**「貸借対照表」というのは、決算日時点で、会社の財産や負債・純資産の状況がどうなっているかをまとめたもの**です（「負債」や「純資産」という言葉がいきなり出てきて難しいと感じる方もいらっしゃるかもしれませんが、後で詳しく説明します）。

もう少し詳しく言うと、「会社がどのような資産（現金、商品、建物、機械など）を、どのくらい持っているか」ということと、「その資産を買うために、お金をどのように調達したか」ということを表しています。この貸借対照表からは、会社が事業を続けていけるかどうか、倒産する危険性がないかといった**「安全性」**を主に調べることができます。

二つめの**「損益計算書」は、会社の「収益性」、つまりどのくらい儲けているかを表したもの**です。

会計期間内（1年に一度決算をする会社であれば1年間）に、どれだけの売上高があり、どれだけの費用がかかり、その結果、どれだけの利益や損失を出したか、といったことが詳しく記載されています。会社の通知表とも言えますね。

三つめの**「キャッシュフロー計算書」は、会計期間内にどれだけの「キャッシュ＝現金」が出入りしたか（増減したか）を記したもの**です。

損益計算書で「利益」が計上されるタイミングと、実際にお金が入ってくるタイミングは同じとはかぎりません。商品やサービスを提供して売上高や利益は計上されているが、「お金が入ってくるのは利益計上の数カ月後」ということはビジネスではよくあります（その場

◆図1-1　3つの財務諸表から分かること

ROEに関係あるのはこの2つ！

●貸借対照表　＝会社の**「安全性」**が分かる
●損益計算書　＝会社の**「収益性」**が分かる
●キャッシュフロー計算書　＝会社の**「将来性」**が分かる

↓

詳しい分析法は第３章で解説

合は、「売掛金《うりかけきん》」となっています）。したがって、「損益計算書は黒字なのに、現金が足りずに倒産」ということも十分に考えられるわけです。

そこで、貸借対照表や損益計算書だけでは分からない、会社の「現金」の流れを示したのがキャッシュフロー計算書です。この表からは、会社の**「将来性」**などを知ることもできます。

この三つの中で、**話題のROEとROA（第2章で解説）に関係するのは、貸借対照表と損益計算書**です。そこで第1章では、貸借対照表と損益計算書の基本的な見方について説明します。

キャッシュフロー計算書の見方については、第3章であらためて解説しますので、そちらをお読みください。また第3章では、三つの財務諸表から、会社の「安全性」「収益性」「将来性」を分析する方法も詳しく紹介します。

貸借対照表は「時点」、損益計算書は「期間」

ここで一つ、押さえておいていただきたいポイントがあります。

貸借対照表は「その期末時点（あるいは四半期の期末時点）」のものだということです。貸借対照表の一番上の部分を見ますと、「当連結会計年度（平成26年12月31日）」などと書いてあります。これは、平成26年12月31日「時点」の資産、負債、純資産の状況ですよ、ということなのです。

一方、損益計算書やキャッシュフロー計算書は、「期間」で集計されます。第1四半期なら3カ月間、中間決算なら半年間、通期なら1年間の中での業績がまとめられているのです。例えば、損益計算書の一番上の部分を見ますと、「当連結会計年度（自　平成26年1月1日　至　平成26年12月31日）」などと書いてあります。これは、平成26年1月1日から同年12月31日までの1年間の業績を意味しているのです。

貸借対照表は「時点」、損益計算書やキャッシュフロー計算書は「期間」で集計されているのです。

【最低限のポイント解説①――「損益計算書」の構成と見方】

ここからは、貸借対照表と損益計算書の構造や見方について、分かりやすく解説していきます。有名企業の実際の財務諸表を使って説明している箇所もあります。構造や見方さえ理解できればいいので、細かい数字をチェックするのが面倒であれば飛ばしてもかまいませんが、できれば、実際の財務諸表の数字を確認しながら読み進んでください。

なお、実際の財務諸表は、「1、貸借対照表」「2、損益計算書」「3、キャッシュフロー計算書」の順番で綴られているのが一般的ですが、三つの中で最も分かりやすく、読み方がやさしいものは損益計算書ですから、本書ではこちらから説明していきたいと思います。

◆基本は「収入－費用＝利益」の繰り返し

損益計算書の構造はシンプルです。一番上が「売上高」になっていて、そこからいくつかに分類された「費用」を順番に差し引き、「利益（または損失）」を算出していく、という形になっています。**「収入－費用＝利益」のサイクルが繰り返されているとイメージしてください**（左図参照）。

また、左の図を見れば分かるように、**「利益」にはいくつかの種類があります。**皆さんも、「営業利益」「経常利益」「純利益」といった言葉を耳にしたり、目にしたりしたことがあるでしょう。損益計算書の構造を理解すると、これらの違いが分かるようになります。

そして、それぞれの利益の違いを理解しておくことが大切です。特に、後で出てくるROEを計算する際には「純利益」を使いますから、この項でしっかり理解しておいてくださいね。

◆図1-2　損益計算書の構成

	売上高
－	売上原価
	売上総利益
－	販売費及び一般管理費
	営業利益
＋	営業外収益
－	営業外費用
	経常利益
＋	特別利益
－	特別損失
	税金等調整前当期純利益
±	税金等の調整
	当期純利益

それでは、花王の実際の損益計算書（平成26年12月期決算）を見ながら、それぞれ説明していき

ましょう。ちなみに、株式を上場している会社であれば、会社のウェブサイトで三つの財務諸表が掲載されている**「決算短信《たんしん》」**という書類を見ることができます。気になった会社は、ぜひ調べてみてください。

では、左ページの花王の損益計算書を見てください。

一番上が**「売上高」**となっており、1兆4017億7000万円計上されていますね。これは、その会計期間内に商品やサービスを売った金額のことです。

小売業やサービス業などの一部の業種では「営業収益」と呼ぶこともありますが、要するに**「本業で得た売上」**がここに入ります。ですから、花王が所有している土地や建物を売って収入を得たとしても、売上高には計上されません。逆に、不動産会社が土地や建物を売った場合には、それが本業ですから、もちろん売上高になります。

次の項目は**「売上原価」**です。花王の場合は、6322億5000万円計上されています。これは、売り上げた商品やサービスに直接かかった費用のことです。例えば花王なら、生活用品や化粧品などの製品を作るための原材料費、製造するときにかかった電気代、製造に関わる人の人件費（労務費）などが、「売上原価」に含まれます。また、製造工場の減価償却費もこれに含まれますが、「減価償却」については201ページであらためて説明します。

◆図1-3　花王の連結損益計算書（平成26年12月期決算）

（２）連結損益計算書及び連結包括利益計算書
（連結損益計算書）

（単位：百万円）

	前連結会計年度 （自　平成25年１月１日 至　平成25年12月31日）	当連結会計年度 （自　平成26年１月１日 至　平成26年12月31日）
売上高	1,315,217	1,401,707
売上原価	572,769	632,205
売上総利益	742,448	769,502
販売費及び一般管理費	※1 617,792	※1 636,232
営業利益	124,656	133,270
営業外収益		
受取利息	955	817
受取配当金	178	197
持分法による投資利益	2,272	2,225
為替差益	－	1,171
その他	2,846	3,355
営業外収益合計	6,251	7,765
営業外費用		
支払利息	1,213	1,295
為替差損	320	－
その他	1,321	956
営業外費用合計	2,854	2,251
経常利益	128,053	138,784
特別利益		
固定資産売却益	68	200
事業譲渡益	350	－
その他	475	132
特別利益合計	893	332
特別損失		
固定資産除売却損	2,713	2,906
化粧品関連損失	9,652	8,896
その他	1,642	553
特別損失合計	14,007	12,355
税金等調整前当期純利益	114,939	126,761
法人税、住民税及び事業税	50,752	44,316
法人税等調整額	△1,619	2,023
法人税等合計	49,133	46,339
少数株主損益調整前当期純利益	65,806	80,422
少数株主利益	1,042	832
当期純利益	64,764	79,590

「売上原価」を見る上で重要なポイントは、**「売れた分だけ計上される」**ということです。

製品をたくさん作っても、原材料をたくさん仕入れても、売れていない分は売上原価に含まれません。つまり、売上原価と、製造原価や仕入原価はイコールではないのです。作った分、仕入れた分は、いったん、貸借対照表の「たな卸資産（＝在庫）」となり、そのうち、売れた分だけが「売上原価」となるのです。

では、なぜこれが大事かと言いますと、売上原価やその原価率（売上原価÷売上高）が適正水準であっても、不良在庫がものすごく増えているという場合があるからです（これを完全に理解するには貸借対照表の知識も必要になってくるので、第3章の190ページであらためて解説することにします。ここではあまり気にせず読み進めてください）。

その次は、**「売上総利益」**です。これは「売上高－売上原価＝売上総利益」で計算され、小売業や卸売業では**「粗利《あらり》」「粗《あら》利益」**とも呼ばれています。商品やサービスを売ったことから直接得られる利益です。花王の場合、「売上高1兆4017億7000万円－売上原価6322億5000万円＝売上総利益7695億2000万円」となっていますね。

◆◆◆◆◆ 営業利益は「本業での実力値」を表す

「販売費及び一般管理費」は、略して**「販管費《はんかんひ》」**とも呼ばれるもので、製品の製造やサービスの提供に直接関わらない費用のことです。売上原価とは、同じ費用でも、その点が異なります。

販管費に含まれるものは、例えばチラシなどの広告宣伝費や営業にかかった費用、会社を運営するための費用などです。会社を運営するための費用とは、店舗やビル、営業所にかかる毎月の賃貸料や電気代、光熱費、清掃費などのこと。それから、製造部門以外の営業や経理部門で働いている人たちの人件費も販管費に含まれます。

ちなみに、販管費は企業努力によってかなり抑えられるものですから、景気や業況が悪いときは、真っ先にコスト削減の対象になります。

次は**「営業利益」**です。これは、先ほどの売上総利益から販管費を差し引いたもので（売上総利益－販管費＝営業利益）、本業の儲けを表す非常に重要な数字です。花王の場合は、売上総利益が7695億2000万円、販管費が6362億3200万円ですから、営業利益は1332億7000万円となっていますね。営業黒字を確保しています。

もし、これがマイナスになっていたら、本業で儲けを出していないということになりますから、企業活動に大きな問題があると言えます。**営業利益は、「本業での実力値」**なのです。

花王の場合は前の期より伸びていますし、黒字を出し続けていますから問題ありません。

◆経常利益は「本業の利益」に「本業以外での利益」を足したもの

ここまで説明してきました「売上高」から「営業利益」までが、会社の本業でのオペレーションによる収支実績を表す部分です。

一方、会社は本業以外でも収益、費用、利益（損失）を出しています。例えば、保有している株の配当が入ってきますし、銀行からお金を借りていればその利息を支払わなければなりません。**営業利益より下に並んでいるのは、こうした本業以外で発生した収益、費用、利益（損失）**です。

営業利益の下の「**営業外収益**」とは、本業以外の活動で生じた収益のうち、経常的に（定期的、あるいは、一定の間隔や頻度で）発生するものです。

例えば、所有する株式の配当金（受取配当金）や、関連会社が儲かった場合にその持ち分に応じて計上される利益（持分法による投資利益）などがこれに入ります。

一方、「**営業外費用**」の主なものは、銀行からお金を借りている場合に発生する「支払利息」です。また、所有する海外資産などが為替相場の変動によって含み損を抱えた場合の「為替差損」も、営業外費用に計上されます。

営業利益に営業外収益を足し、営業外費用を引きますと、**「経常利益」**が計算されます。「けいつね」とも呼ばれています。花王の場合は、1387億8400万円計上されていますね。経常利益は、「通常の事業活動の結果、生み出された利益」とも言えます。

「特別利益」「特別損失」とは一過性の損益のこと

本業以外で生じる利益や損失には、一過性のものもあります。

例えば、不動産業でない限り、土地や工場などの売却益は、毎年得られるわけではありません。そういう一時的な収入を**「特別利益」**と呼びます。また、台風や地震などで建物が被害を受けた場合、その修復には費用がかかりますね。このような一過性の費用は**「特別損失」**に入ります。

花王の場合、特徴的なのは、特別損失の中にある「化粧品関連損失」88億9600万円です。これはカネボウ化粧品の白斑《はくはん》問題で発生した損失です。花王の傘下にあるカネボウ化粧品は、美白化粧品で肌がまだらに白くなる「白斑」の症状が出た問題の対応に迫られています。これによって、関連化粧品の返品や被害者への補償などに関わる費用として、化粧品関連損失が発生したのです。

このように、普段は起こらないような問題によって生じた費用も、特別損失に計上されます（ニュースなどで話題になったことも、財務諸表に表れることがあるので興味深いです）。

経常利益に特別利益を足して、特別損失を差し引くと**「税金等調整前当期純利益」**が計算されます。花王の場合は、1267億6100万円計上されていますね。

最後に、法人税などの税金を調整し、最終利益である**「当期純利益」**が計算されます。花王は795億9000万円の当期純利益が出ていることを確認してください。

このように、損益計算書は全体を通して「収入－費用＝利益」のサイクルが繰り返されていることが分かりますね。細かい勘定科目《かんじょうかもく》については必ずしも覚える必要はありませんが、こうした基本的な構造と、これまで出てきた利益の定義は覚えておきましょう。

投資家にとって最も大切なのは「当期純利益」

損益計算書の構造とともに、売上総利益、営業利益、経常利益、当期純利益などの複数の利益について説明をしてきました。もちろん、どの利益も大切ですが、**経営の視点から見ると、最も重要なのは「営業利益」**です。

営業利益は、通常のオペレーションから出る利益ですから、十分な営業利益を稼ぎ出せていなければ、会社の存続に関わることにもなりかねないからです。また、営業利益は、そのときの経営の良し悪しをすべて表す指標だからです。

例えば、前の経営者がたくさん借金をしていたら、新しい経営者が着任しても、しばらくは利息を払い続けなければなりませんよね。つまり支払利息は、どんな経営者であっても短期的にはコントロールできないということです。さらには金利の変動もコントロールできません。ですから、支払利息が加味される経常利益は、もちろん会社全体の経営の状況を表しているものではありますが、必ずしも、その時々の経営者の実力を反映したものとは限らないのです。

その点、営業利益は1年の成績ですから、経営者の腕が最も反映されます。経営者の能力は、営業利益を見れば一発で分かります。

経営が悪化したときも、復活の鍵を握るのは営業利益です。営業利益を稼ぎ出さなければ、財務内容は改善できません。さらに営業損失がずっと続いてしまうと、会社は潰れることにもなりかねません。本業で利益を出せないのであれば、手の打ちようがありませんからね。

逆に言いますと、営業利益を出して、借金を返すなどして徐々に財務内容を改善していけば、経常利益、純利益も伸びていきます。すべては営業利益に懸かっているのです。

一方、投資家にとって大切なのは「当期純利益」です。

なぜならば、**当期純利益だけが株主に帰属し、その金額によって配当が決まり、株価にも大きな影響を及ぼすことが多い**からです。もちろん、経営者は当期純利益にも大きな責任を負います。

「特別損失は、突発的に起こったものだから、自分の経営責任とは関係ない」と考える経営者も中にはいますが、私はそんな経営者は非常に無責任だと思います。特別損失が大きく出てしまって潰れてしまう会社もあるわけですから、責任を持たないわけにはいきません。

そういう突発的な事態に耐えられるような会社をつくり、安定した株主還元をできるようにするのが経営者の責務です。そのためにも、次に説明する貸借対照表の安全性を中心とした基本的な読み方を理解した上で、会社の経営を行う必要があるのです。

【最低限のポイント解説②――「貸借対照表」の構成と見方】

続いて、貸借対照表の説明に入ります。

ＲＯＥとＲＯＡをはじめとする経営指標を理解するためには、この貸借対照表の構造も十分に頭に入れなければなりません。ここは少し集中して読み進めてください。

復習になりますが、貸借対照表からは何が分かるのでしょうか。そうです、主に、会社の「安全性」でしたね。会社が事業活動を続けていけるかどうか、倒産する危険性がないかといったことを調べることができるのです。

どんなに収益を上げていても、安全性に問題があれば、潰れてしまうことがあります。ですから、緊急時に真っ先に見るべき財務諸表は、貸借対照表だと言えます。

貸借対照表は、損益計算書よりは構造が少しややこしいかもしれませんが、ポイントを押さえれば難しいものではありません（繰り返しますが、基本的な「読み方」が分かればいいだけですので、それほど難しくはありません）。

左サイドは「お金の使い道」、右サイドは「お金の調達法」を表す

まず貸借対照表の基本構造を説明しましょう。

貸借対照表は、次ページの図のように左右に分かれており、**左サイドが「資産の部」、右サイドが「負債の部」と「純資産の部」**です。

最初に大原則を言ってしまいますが、左サイドと右サイドの合計は必ず一致するようになっています。それゆえ、貸借対照表は**「バランスシート」**とも呼ばれているのです。

「資産」とは、文字通り会社の財産のことです。会社を経営していくためには、資金、製品を作るための原材料や機械、工場やオフィスなどの建物、商品の在庫、パソコン、文房具など、さまざまなものが必要ですよね。企業はこうした資産を使い、売上高や利益を出しているのです。

左サイドの「資産の部」には、その会社が資産をどのくらい持っているかが、資産の種類ごとにまとめられています（原則、取得したときの値段で記載してあります）。

◆図1-4　貸借対照表の構成

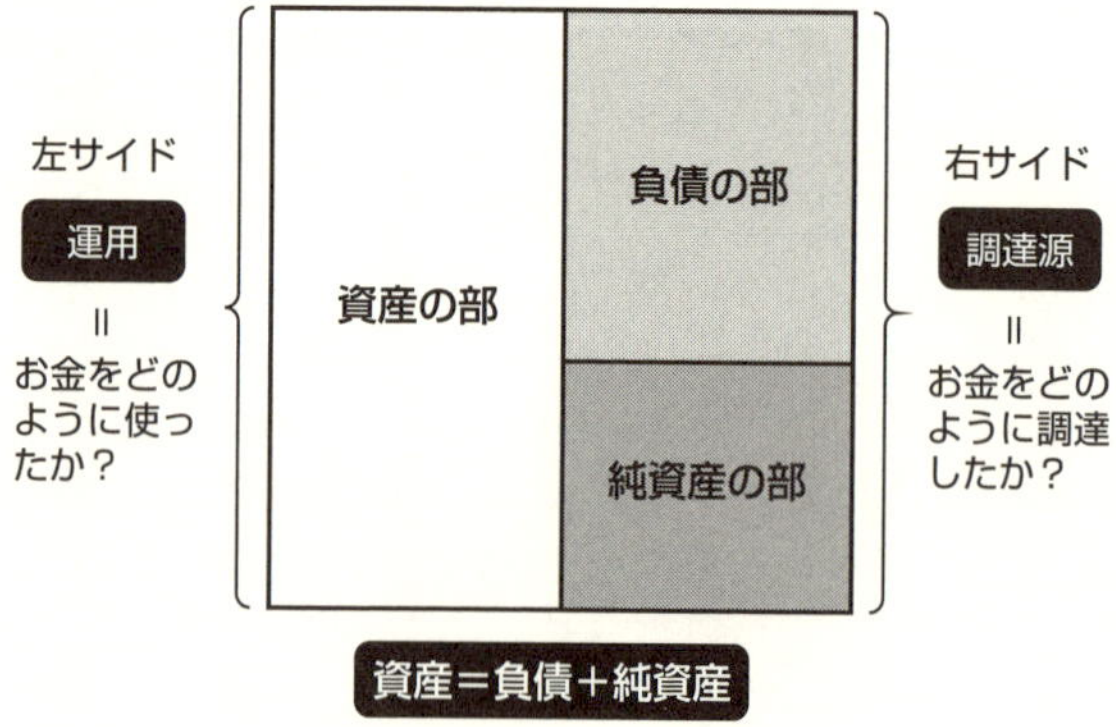

一方、こうした資産を買うためには資金が必要ですが、そのお金をどのように調達したかをまとめたのが、右サイドの「負債の部」と「純資産の部」です。

別の言い方をすると、**貸借対照表の右サイドは「お金をどのように調達したか」、左サイドは「そのお金を何に使ったか（運用したか）」**をそれぞれ表しています。

だからこそ、貸借対照表の左右の合計は必ず一致するわけです。計算式にすると、**「資産＝負債＋純資産」**という形になります。ここがまず、大原則です。

◆◆◆◆◆「負債」と「純資産」の違いを説明できますか？

◆図1-5　負債と純資産の違い

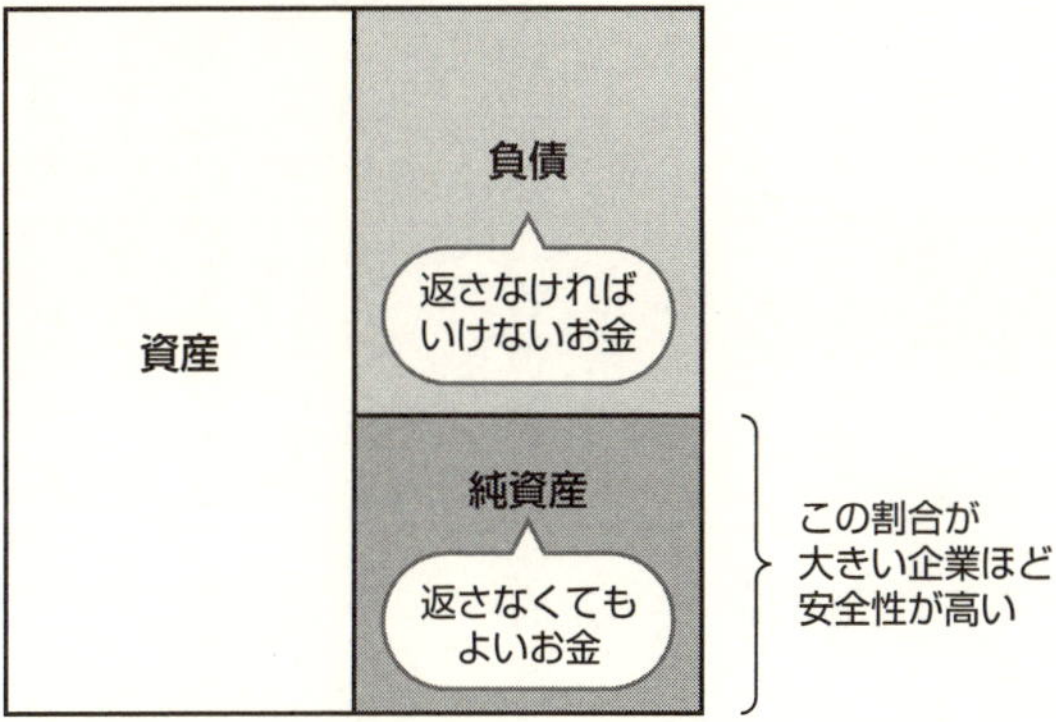

先ほど貸借対照表の右サイドの説明をしたときに、「左サイドは資産だけなのに、なぜ右サイドは負債と純資産に分けるのか」と疑問に思った人もいるでしょう。いい着眼です。じつは、**「負債」と「純資産」の違いを理解することが、貸借対照表では最も重要なポイント**なのです。

「負債」と「純資産」には決定的な違いがあります。それは、**「負債は将来のある時点で必ず返済しなければならないお金、純資産は返済する必要のないお金」**という点です。ここはとても重要なポイントです。

例えば、銀行からお金を借りると、いつか必ず返済しなければなりませんから、これは「負債」

です。ほかに、買ったけれどまだお金を払っていない買掛金《かいかけきん》、従業員に将来払わなければいけない退職金（退職給付債務）なども「負債」に含まれます。いつかは必ず支払わなければなりませんからね。

一方、「純資産」の主なものは、株主に投資をしてもらったお金と、事業から生み出した利益の蓄積（「利益剰余金」と言います）です。これらは**「株主から預かっているもの」**ですが、企業を解散でもしないかぎり返す必要はありません。

では、この「負債」と「純資産」の違いを理解することが、なぜそんなにも重要なのでしょう。それは、企業が存続していく上での最重要ポイントだからです。

会社というものは、どんなときに倒産すると思いますか？　商品が売れなくなったときでも、赤字に陥ったときでもありません。答えは、「負債が返済できなくなったとき」です。純資産が返済できなくなって潰れるということはありません。

ですから、経営においては、負債を増やしすぎない（純資産の割合を一定以上に保つ）ようにコントロールすることが重要なのです。

「自己資本比率」が高い＝「純資産」の占める割合が高い

負債と純資産の割合をチェックするための指標としては、**「自己資本比率」**というものがあります。みなさんも聞いたことがあるでしょう。

貸借対照表の分析方法や指標の読み方は、のちほど第3章で詳しく説明しますが、自己資本比率はROEとROAを学ぶ上でも必要な知識となりますので、先に解説します。

自己資本比率は、次のような式で計算されます。

自己資本比率＝自己資本（≒純資産）÷資産

資産をまかなっているお金のうち、返す必要のない純資産の大部分である「自己資本」が占める割合を計算したもので、**会社の中長期的な安全性を表す重要な指標**です（「自己資本」は、純資産から「新株予約権」と「少数株主持分」を引いたものです。のちほど詳しく説明します。ここでは、純資産とほとんど同じものと考えておいてください）。

先ほど、会社が潰れるときというのは、負債が返済できなくなったときだと説明しましたね。負債が膨らみますと、返さなければならないお金が増えるということですから、潰れる可能性が高くなるというわけです。逆に、もし、すべてが純資産であれば、お金を返す必要はまったくありません。ですから、安全性が非常に高くなります。

一般的には、製造業のように工場や建物などの固定資産（53ページ参照）を多く使う会社ですと、自己資本比率は20％以上あるのが望ましいでしょう。商社や卸売業のように、売掛金（売ったけれども回収していないお金）や在庫などの流動資産（52ページ参照）を多く使う会社は、15％以上あれば安全です。

そして、それ以外の業種でも10％以上なければ、安全とは言えません。ただし、金融業はお金を扱っていますから、もともと潤沢に現金を持っている上、利益率も高い業種です。ですから、自己資本比率が10％を切っていても資金繰りは回ります（経営指標を見る場合には、8割方の会社では一般的な基準が当てはまりますが、ここで説明した金融業のように、一部、例外もあります。それについては、第3章の146ページであらためて解説します）。

最後に少し細かい話をしておきましょう。時間のない方は飛ばしていただいてもかまいません。

私は普段は自己資本比率を計算するのに、「自己資本比率＝純資産÷資産」で計算していますが、本書では、この計算式の分子については、純資産から一部を引いたものを使っています。2章で出てくるＲＯＥを説明するときにより分かりやすいからです。東京証券取引所でも同様の「自己資本比率＝（純資産**－新株予約権－少数株主持分**）÷資産」という計算方法を採用しています（「新株予約権」「少数株主持分」については67ページ参照）。

普段、私が分子に純資産すべてを含めて計算することにしているのは、返済義務のない資金の比率を計算する場合、この計算式が一番適切であるからです。また、他の計算式ですと、いくつかの勘定科目を引き算しなければなりませんから、計算が煩雑になってしまいます。

いずれにしても、自己資本比率を求める際の分子が「自己資本（純資産から新株予約権と少数株主持分を引いたもの）」であろうと「純資産」であろうと、それほど大きな差が出ることは、多くの場合ありません。

◆◆◆◆◆◆「流動」と「固定」を分けるワンイヤールール

先ほど、「自己資本比率は企業の中長期的な安全性を表す」と説明しました。「中長期的な」と強調したのには理由があります。

自己資本比率が高い会社でも、短期的に倒産してしまう可能性があるのです。なぜなら、自己資本比率が高くても、短期的に資金不足になると企業は倒産することがあるからです。正確に言えば、自己資本比率が高い企業は、後で説明する短期的な安全性が確保されている場合には、中長期的な安全性があると言えるのです。

そこで、「資産」と「負債」の中身をもう少し詳しく見ることが必要になります。それぞれ簡単に説明しましょう。

貸借対照表の「資産の部」と「負債の部」は、左図のように、それぞれ**「流動資産」「固定資産」**と**「流動負債」「固定負債」**というふうに分けられています。

では「流動」と「固定」は何が違うのでしょう。まず負債のほうから説明します。

◆図1-6 「流動」と「固定」の違い

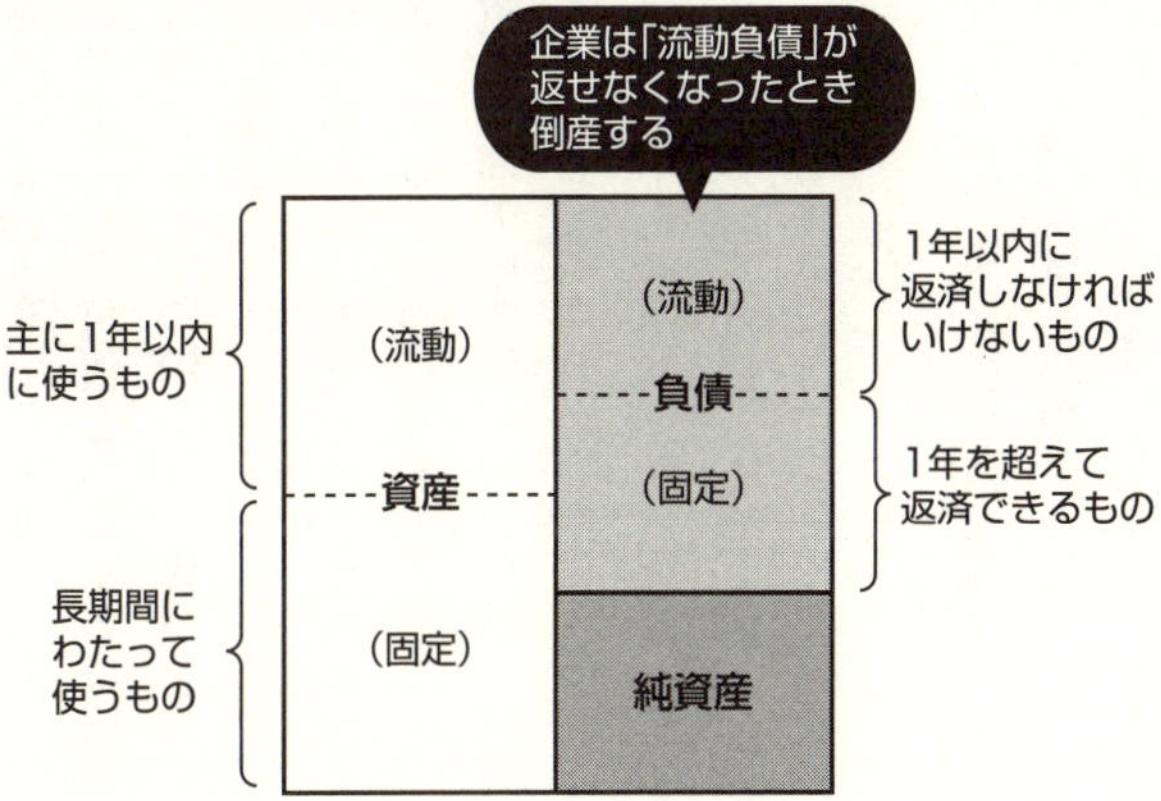

負債は将来のある時点で必ず返済しなければいけないお金だと説明しましたが、そのうち、**「1年以内」に返済する義務のある負債を「流動負債」**と言います。それ以外の**1年を超えて返済できるものが「固定負債」**です。

会社はどのようなときに倒産するか、覚えていますか？ 答えは「負債が返済できなくなったとき」でしたね。より正確には、**企業は「流動負債」が返済できなくなったとき倒産する**のです。

流動負債には、買ったけれども代金をまだ支払っていない「支払手形及び買掛金」や、1年以内に返さなければならない「短期借入金」、支払い義務のある「未払金」、のちに商品やサービスを提供する義務がある「前受収益」、支払い義務のある「未払法人税」などが含まれます。

このように、負債とはお金とは限りません。将来、提供しなければならない商品やサービスも含まれます。例えば、建設会社が工事を受注した場合、先に一部の代金を受け取りますから、後でサービスを提供しなければなりませんよね。ただ、もしもサービスが提供できなかった場合は、お金を返さなければなりませんから、これを「返さなければならないお金」と考えてもいいわけです。

流動負債の中で特に怖いのは、銀行と関係しているお金、より具体的に言うと銀行から借りているお金である「短期借入金」と、銀行で決済される「支払手形」です。もし、借入金の返済や手形の決済が二度滞ってしまいますと、銀行との取引が停止されてしまうからです。つまり、もうお金を借りることができなくなり、ここで事実上の倒産となるわけです。1年以内に償還期限がきた社債も期日に償還できなければ、倒産に直結します。

では次に、資産のほうを見てみましょう。

流動資産には、現預金のほかに、売ったけれどもまだ代金を受け取っていない「受取手形及び売掛金」、原材料や商品の在庫を表す「たな卸資産（商品及び製品、仕掛品、原材料及

◆図1-7　「1秒」だけ財務諸表を見るとしたら？

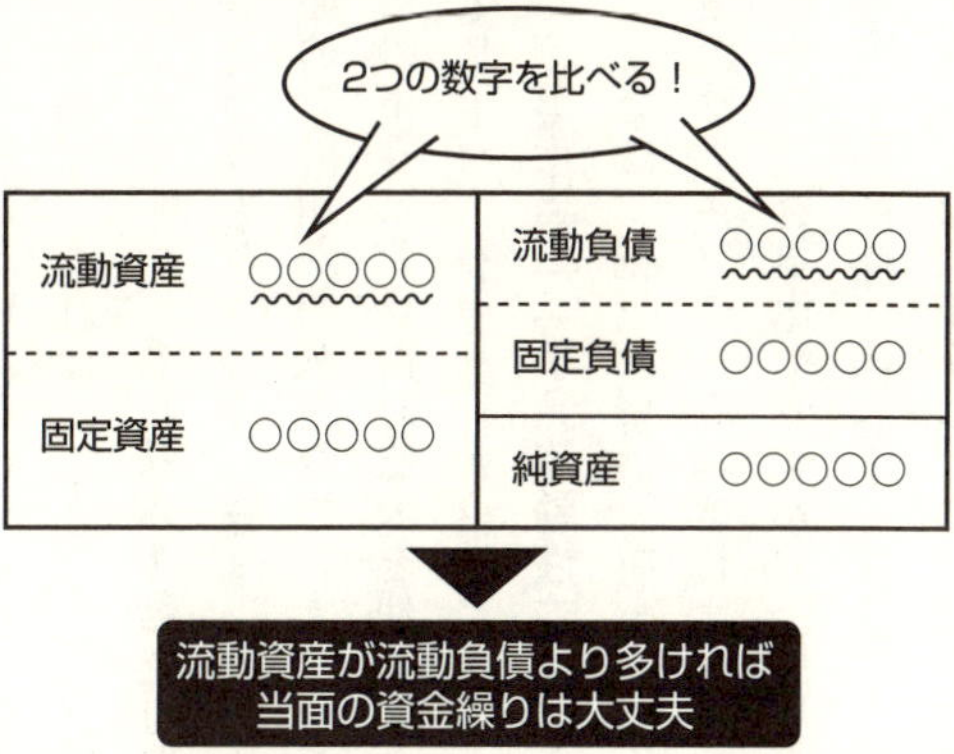

び貯蔵品）」などがあります。つまり、すぐに資金化できるか、通常の営業サイクル内で回収・使用される予定のものです。

　このサイクルにも、ざっくり1年以内という「ワンイヤールール」が存在します。ただ負債ほど厳密ではありません。例えば、原材料や商品の在庫（「たな卸資産」）は、場合によっては2年以上持ち続けるかもしれません。それでも、通常の営業循環内で使う予定のものですから、流動資産に含まれます。

　もう一つの「固定資産」は、流動資産以外の長期にわたって使う予定の資産です。例えば、鉄道会社であれば、土地や電車、線路などは当然固定資産になります。

　先ほど、「企業は流動負債が返済できなくなったとき倒産する」と言いましたが、流動負債より多い流動資産があれば、当面は資金繰りは大丈夫なのではないかというふうに推定することができます。

ですので、これは『「1秒!」で財務諸表を読む方法』（東洋経済新報社）という本にも書いたことですが、**もし私が1秒だけ財務諸表を見るとすれば、流動負債よりも流動資産が多いかどうかをチェックします（前ページの図1－7参照）**。貸借対照表には、流動負債と流動資産の合計額が記載されていますので、どちらが多いかは一瞬で分かるからです。

このように、貸借対照表を使って会社の「安全性」を分析するやり方は、第3章の144～171ページで詳しく説明します。指標としては、「自己資本比率」のほかに、**「流動比率」「当座比率」「手元流動性」**などがあります。

ここでは、花王の貸借対照表（56～57ページ）を使って、自己資本比率、流動資産、流動負債だけチェックしてみましょう。数字を確認してくださいね。

まず自己資本比率ですが、（純資産合計6723億9300万円－新株予約権9億4400万円－少数株主持分132億1800万円）÷資産合計1兆1982億3300万円＝54・9％となりますね。この数字は非常に高い水準です。

次に流動負債の合計額は3805億3600万円で、流動資産の合計額である6417億

3400万円よりかなり小さいので、こちらもまったく問題ありません。この二つを見るかぎりは、非常に安定した会社ということができますね。

「負債」の中には、利息のつくものとつかないものがある

負債の部を見る上でもう一つ重要なのは、**利息の支払い義務がある「有利子《ゆうりし》負債」**と、**利息がいらない「無利子負債」**があるということです。

特に注目したいのは有利子負債です。例えば銀行から借り入れたり、社債を発行したりした場合は、そのお金は利息を支払わなければなりません。これは損益計算書の「支払利息」にも影響しますから、注意が必要です。

花王の場合、有利子負債はどれくらいあるでしょうか。

流動負債の中に「短期借入金」が11億3700万円、「1年内返済予定の長期借入金」200億1300万円。固定負債の中に「社債」500億円、「長期借入金」300億8300万円ありますから、合計で1012億3300万円になります。

純資産合計6723億9300万円と比べても、とても小さい額ですので、安全性にはま

（単位：百万円）

	前連結会計年度 （平成25年12月31日）	当連結会計年度 （平成26年12月31日）
負債の部		
流動負債		
支払手形及び買掛金	115, 997	129, 711
短期借入金	1, 278	1, 137
1年内返済予定の長期借入金	20, 009	20, 013
未払金	56, 139	66, 230
未払費用	91, 117	94, 666
未払法人税等	32, 322	28, 108
化粧品関連損失引当金	1, 350	8, 220
その他	20, 102	32, 451
流動負債合計	338, 314	380, 536
固定負債		
社債	50, 000	50, 000
長期借入金	30, 094	30, 083
退職給付引当金	48, 847	-
退職給付に係る負債	-	42, 414
その他	23, 381	22, 807
固定負債合計	152, 322	145, 304
負債合計	490, 636	525, 840
純資産の部		
株主資本		
資本金	85, 424	85, 424
資本剰余金	109, 561	109, 561
利益剰余金	471, 383	468, 684
自己株式	△9, 397	△9, 719
株主資本合計	656, 971	653, 950
その他の包括利益累計額		
その他有価証券評価差額金	4, 733	5, 507
繰延ヘッジ損益	12	8
為替換算調整勘定	△28, 416	△4, 853
在外子会社の退職給付債務調整額	△4, 590	-
退職給付に係る調整累計額	-	3, 619
その他の包括利益累計額合計	△28, 261	4, 281
新株予約権	1, 120	944
少数株主持分	12, 810	13, 218
純資産合計	642, 640	672, 393
負債純資産合計	1, 133, 276	1, 198, 233

流動負債よりも
流動資産のほうが多い

ここが自己資本

自社株買いは
マイナス計上

$$自己資本比率 = \frac{(672{,}393-944-13{,}218)}{1{,}198{,}233}$$

$=54.9\%$

◆図1-8　花王の連結貸借対照表（平成26年12月期決算）

（1）連結貸借対照表

（単位：百万円）

	前連結会計年度（平成25年12月31日）	当連結会計年度（平成26年12月31日）
資産の部		
流動資産		
現金及び預金	126, 314	107, 412
受取手形及び売掛金	181, 882	204, 060
有価証券	90, 145	110, 639
商品及び製品	99, 453	111, 831
仕掛品	11, 340	12, 833
原材料及び貯蔵品	28, 315	33, 123
前払費用	6, 300	6, 832
繰延税金資産	22, 736	20, 232
その他	29, 149	36, 420
貸倒引当金	△1, 669	△1, 648
流動資産合計	593, 965	641, 734
固定資産		
有形固定資産		
建物及び構築物	354, 012	361, 223
減価償却累計額	△266, 783	△267, 219
建物及び構築物（純額）	87, 229	94, 004
機械装置及び運搬具	661, 155	696, 451
減価償却累計額	△578, 682	△597, 907
機械装置及び運搬具（純額）	82, 473	98, 544
工具、器具及び備品	86, 792	86, 343
減価償却累計額	△73, 810	△73, 563
工具、器具及び備品（純額）	12, 982	12, 780
土地	64, 900	69, 445
リース資産	12, 049	11, 261
減価償却累計額	△5, 294	△5, 800
リース資産（純額）	6, 755	5, 461
建設仮勘定	22, 945	27, 381
有形固定資産合計	277, 284	307, 615
無形固定資産		
のれん	152, 286	139, 941
商標権	28, 498	15, 145
その他	11, 834	12, 844
無形固定資産合計	192, 618	167, 930
投資その他の資産		
投資有価証券	18, 050	20, 984
長期貸付金	1, 389	1, 432
長期前払費用	15, 542	17, 281
繰延税金資産	23, 985	20, 630
退職給付に係る資産	-	9, 692
その他	11, 177	11, 612
貸倒引当金	△734	△677
投資その他の資産合計	69, 409	80, 954
固定資産合計	539, 311	556, 499
資産合計	1, 133, 276	1, 198, 233

たな卸資産（商品及び製品、仕掛品、原材料及び貯蔵品）

ったく問題ないと言えます。

一方で、無利子負債にはどのようなものがあるかと言いますと、必ず注目するのは流動負債の中の「支払手形及び買掛金」です。これは先にサービスや商品などを受け取り、将来支払わなければならないお金です。繰り返しますが、これは利子をつける必要がありません。

また、将来、社員に支払わなければならない退職年金や退職金も、無利子の負債として、固定負債の中に計上されています。

当然ですが、負債の額があまりにも多くなりますと、有利子であろうが無利子であろうが返済が非常に厳しくなります。

特に有利子負債が膨らみますと、支払利息もかさんでしまいます。その結果、会社の安全性がどんどん悪化してしまうのです。繰り返しますが、負債の額とともに、有利子負債の金額にも注意してください。

「資産」と「負債」の説明は、第1章では以上です。

次は、**「純資産の部」の中身**について説明しましょう。

純資産の大半を占める「株主資本」とは？

復習になりますが、純資産とは、返済する義務のない資金の調達源でした。この「純資産の部」は、大きく次の四つに分かれています。

①株主資本
②評価・換算差額（その他の包括利益累計額）
③新株予約権
④少数株主持分

これらの中でも最も重要であり、なおかつ多くの会社で純資産の大半を占めているのが「株主資本」です。この**株主資本についてしっかりと理解することが重要**です。のちほど第2章で詳しく説明しますが、ＲＯＥを計算する際には、株主資本とほぼイコールである自己資本を分母に使い、「ＲＯＥ＝当期純利益÷自己資本（≒株主資本）」という計算を行います。

◆図1-9 「純資産の部」の構成

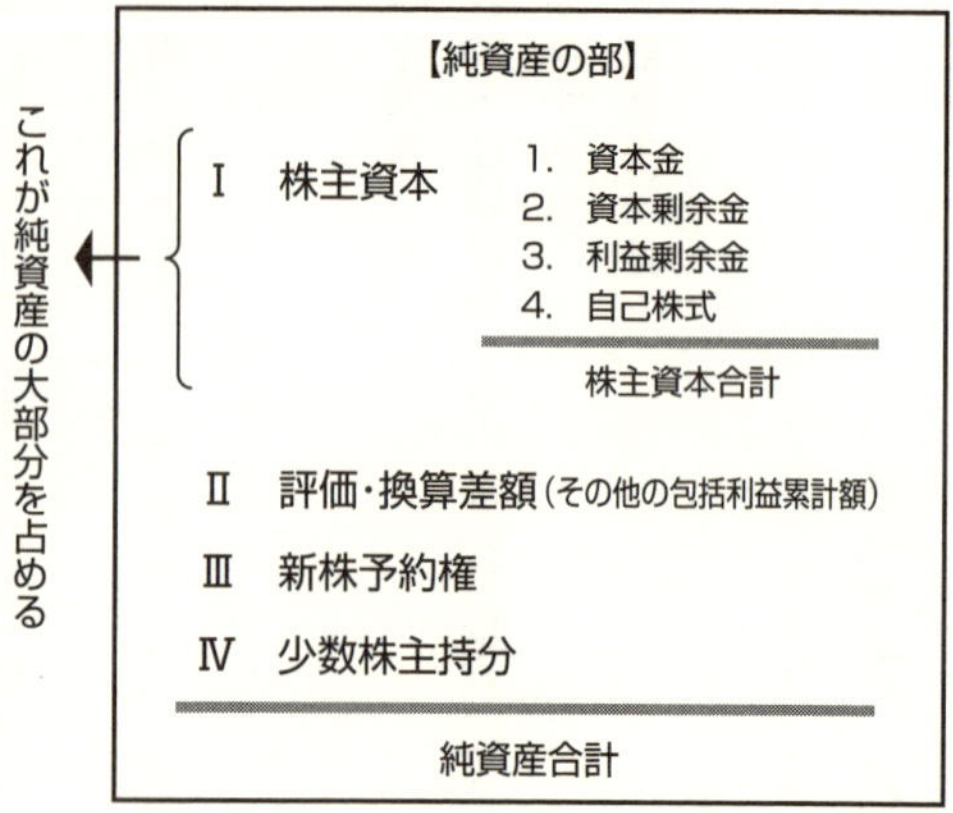

また、「株主資本」には、「**資本金**」「**資本剰余《じょうよ》金《きん》**」「**利益剰余金**」「**自己株式**」という項目があります。したがって、「純資産の部」は上図のような構造になっています。

「資本金」「資本剰余金」「利益剰余金」「自己株式」……名前が似ていて混乱しそうですね。一つひとつ説明していきましょう。

◆「資本金」と「資本剰余金」は、株主が出してくれた「元手」

まず、「資本金」と「資本剰余金」は、どちらも株主が出資してくれたお金で、会社が事業を行うための「元手」です。

以前は資本金と資本剰余金に厳格な区別があり

ましたが、最近は区別する意味が薄れています。その影響で、最初に会社を作ったときに株主が入れたお金は資本金になりますが、そのあとで企業が増資《ぞうし》（会社が新しく株式を発行して資本金や資本剰余金を増やすこと）をした場合には二つの項目に半分ずつ入れるのが現在の基本ルールになっています。例えば100億円増資したときには、資本金と資本剰余金をそれぞれ50億円ずつ計上するのです。

ちなみに、資本剰余金は「株主が入れているお金」ですので、取り崩すには株主総会で3分の2以上の賛成を要する特別決議が必要です。事業の元手を取り崩すというのは、通常ではないことですから、株主にも特別な同意をしてもらわなければならないのです。

ここで会計初心者の人たちから、よく次のような質問をされることがあります。

「例えば、私がトヨタ自動車の株をネット証券で買ったとします。そのとき、トヨタ自動車の純資産にある株主資本はどうなるのですか？」

皆さんはどうなると思いますか？

答えは、「何も変わらない」です。例えばあなたがトヨタの株を買う場合、通常、市場に流通している株を買うことになります。これはトヨタから直接株を買っているわけではなく、トヨタが以前に発行した株式を持っている誰か（仮にAさんとしましょう）から買っているのです。

つまり、あなたがAさんにお金を払うことで、Aさんが持っていた株があなたに移っただけであり、トヨタには1円のお金も入りません。

逆に、あなたがトヨタの株を誰かに売ったとしても、トヨタからは1円もお金が出ていかないのです。当然、株主資本にはなんの影響もありません。あくまでも、会社が増資をした場合にだけ、その会社の資本金、資本剰余金の数字が変わるのです。

◆◆◆◆◆ 株主への配当は「利益剰余金」から支払われる

その下の「利益剰余金」は、利益の蓄積のことです。最終利益である「当期純利益」が出ると、その金額はすべていったんここに入ります。前の期までの利益剰余金に、その期の純利益が足されるのです。ここで損益計算書と貸借対照表がつながりましたね（左ページの図参照）。

先ほど資本金や資本剰余金は「元手」だと言いましたが、**利益剰余金はその元手を使って**

◆図1-10　貸借対照表と損益計算書のつながり

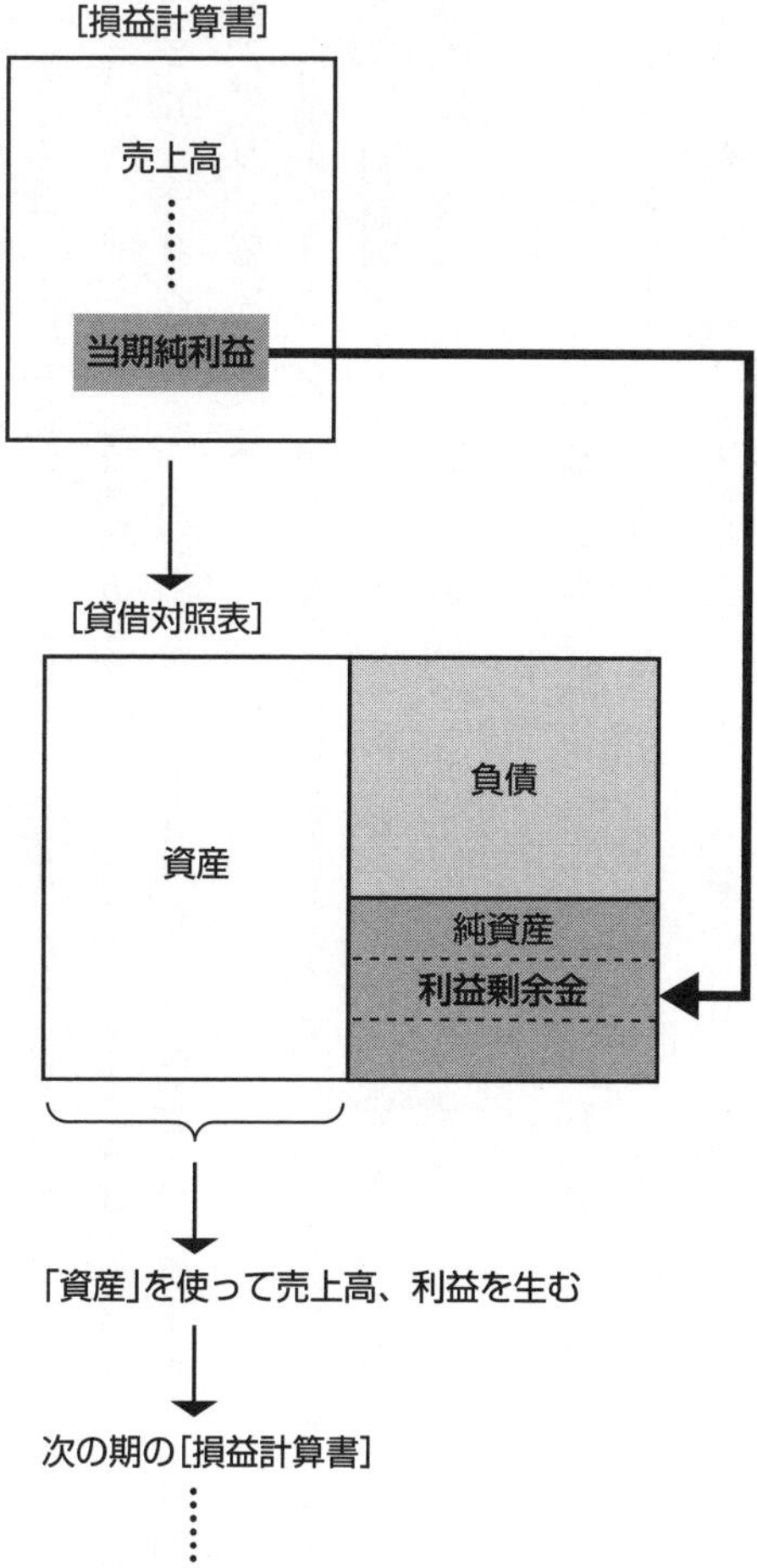

生み出した「果実」と言えます。

株主への配当は、この利益剰余金から支払われます。利益剰余金がマイナスの状況では配当はできません。逆に、**たとえ赤字が出ていたとしても、利益剰余金が積んであれば、配当を続けることができる**のです。利益剰余金の取り崩しである配当は、株主総会の普通決議（過半数）で行うことができます。

トヨタ自動車がリーマンショック後に赤字に転落したとき、それでも配当を続けていました。それは、利益剰余金が潤沢にあったからです。つまり、配当余力を知りたいのであれば、利益剰余金を見れば、どれくらい配当を続けられるかを予測できるのです。

当然、配当金を支払うと利益剰余金は減っていきますが、それ以外にも利益剰余金が減っていくケースがあります。当期純利益がマイナス（赤字）になった場合です。先ほど純利益はいったん利益剰余金に入ると説明しましたが、当然マイナスの場合も入ります。そうなると、当期純利益の赤字によって利益剰余金も減ってしまうのです。

最終損失（当期純利益のマイナス）が続くと、利益剰余金が底をつき、場合によってはマイナスになってしまうこともあります。さらに、利益剰余金のマイナスが大きくなり、純資産合計もマイナスになってしまった状態を**「債務超過」**と言います（この場合、自己資本比率もマイナスになります）。

企業が「自社株買い」をすると、その分だけ純資産が減る

最後の「自己株式」は、企業が自分たちで持っている自社株のことです。企業も市場に流通している自社の株式を買うことがあるのです（これを**「自社株買い」**と言います）。自己株式を取得することは、市場から株式を買うわけですから、その分株価が上がりやすくなりますし、自己株式は将来「消却」する可能性が高いですから、将来的に1株あたりの利益などが増えることで、株価が上昇する可能性が高いのです。株主還元の一種です。

ここで非常に重要なことは、「自己株式」は株主資本のマイナス項目として計上するということです（花王の貸借対照表を見てください。マイナスになっていますね）。

これはROEと密接に関わる部分なので、第2章の説明のところであらためて解説しますが（95ページ）、ここでは**「自社株買いをすると株主資本のマイナス項目として計上され、**

純資産の合計がその分減る」ということだけ頭に入れておいてください。

株主資本の説明は以上です。最後におさらいをしておきましょう。

「資本金」と「資本剰余金」は株主が入れてくれた元手で、「利益剰余金」はその元手から生み出された利益の蓄積でした。

そして、資本金と資本剰余金と利益剰余金を足して、企業が自分で持っている自社株＝「自己株式」を引いたものが、**「株主資本合計」**となります。

◆◆◆◆◆「少数株主持分」があるときは、100％子会社でない子会社がある

純資産の「株主資本」以外の三つ（②評価・換算差額、③新株予約権、④少数株主持分）は、ほとんどの会社ではそれほど大きな金額にはなりません。ですので、時間がないという人はざっと読むだけでも大丈夫です。

まず、**「②評価・換算差額（その他の包括利益累計額）」**ですが、先ほど貸借対照表の「資

産の部」は原則として資産を買ったときの価格を記載すると説明しました。しかし例外があります。有価証券がそうで、決算時の時価で載せることが上場企業には義務づけられています。いわゆる「時価会計」です。

そうすると、バランスシートの左サイド（資産の部）が株価によって膨らんだり縮んだりします。その分の差額を調整しているのが、「②評価・換算差額」の中の「その他有価証券評価差額金」です。同様に、海外子会社などを持っている場合も、為替レートの変動によって円換算での資産額は増減します。それを調整するのが「為替換算調整勘定」です。

「**③新株予約権**」は、ひと言でいうと「ある金額で株式を買う権利」のことです。つまり、これがあれば、前もって決められた価格で株式を購入できるというものですから、これは将来、株式に変わる可能性があります。大部分がストックオプションと呼ばれるものです。

最後は「**④少数株主持分**」です。

子会社がある場合、財務諸表にあるすべての項目は親子で合算（連結）されます（詳しい説明はこのあとのコラムを参照）。当然、子会社の純資産と親会社の純資産も全部合算されます。

その子会社が１００％子会社であればそれで何の問題もないわけですが、そうでない場合（少数株主がいる場合）には問題が発生します。子会社の純資産の一部は、本来は他の株主の持分だからです。

例えば親会社が51％の株式を持っている子会社の純資産をすべて合算した場合、49％は親会社のものではない他の株主のものまで合算していることになります。最初から51％分だけ合算すれば話が早いのですが、便宜上、子会社の勘定科目は１００％で合算されてしまいます。そこで、本来は親会社のものではない純資産を「少数株主持分」として区別しているのです。

以上が、純資産の説明になります。

【コラム】「子会社」と「関連会社」の違いとは？

会社の財務諸表を見ますと、ときどき、表題に「連結財務諸表」「連結貸借対照表」「連結損益計算書」と書いてあります。この**「連結」**というのは、どのような意味でしょうか。

答えは、グループ全体、つまり子会社の勘定科目を合算したもの、という意味です。関連会社の収益も一部含まれます。

では、子会社と関連会社の違いは何でしょうか？　会計のセミナーで、私がこの質問をしますと、よく次のような答えが返ってきます。

「どれだけの割合で出資しているかで、子会社と関連会社に分けられる」

惜しいですが、これは初心者の回答です。少し勉強している人ですと、次のような答えが出てきます。

「50%を超える議決権を持っている先を子会社。20〜50%の株式を持っている先を関連会社とする」

確かに間違いではありません。かなり正解に近づいてきました。ただ、これは子会社か関連会社かを判断する基準です。しかし、本当に大切なのは、そのように判断された子会社や関連会社が、会計上どのように処理されるのか、という点なのです。

皆さんは、先ほどの答えとあわせて、次のように覚えておいてください。

「子会社は、貸借対照表、損益計算書、キャッシュフロー計算書にあるすべての勘定科目が、親子間の取引を相殺《そうさい》した上で合算（連結）される。関連会社は合算（連結）されない」

例えば、親会社の売上高が2000億円、子会社は500億円だった場合、連結損益計算書の売上高には2000億円+500億円=2500億円が計上されます。もちろん、費用や利益も同じように合算されます。

ただし、親子間の取引は相殺されることに注意してください。この例ですと、もし、子会社が親会社に対して１００億円の売上高がある場合、子会社のほうは売上高になり、親会社のほうは仕入れになります。連結損益計算書では、その分が相殺されますから、連結の売上高では２５００億円－１００億円＝２４００億円が計上されるというわけです。親子間の取引は、外部取引ではないからです。貸借対照表、キャッシュフロー計算書の各勘定科目も同様です。親子間の取引を除いて、すべて合算されます。

では、関連会社は、会計上どのように処理されているのでしょうか。関連会社の個々の勘定科目は、親会社の財務諸表には合算されません。ただ、「持分法」によって計算される利益が、親会社の営業外収益（損失の場合には営業外費用）に計上されます。持分法とは、一定以上の議決権を持つ会社（関連会社、一部の子会社）について、その持ち分に応じて、利益（損失）を計上することです。規模が小さい子会社に関しては、連結ではなく、持分法が適用されることがあります。

例えば、40％の議決権を持つ先の関連会社があるとします。その関連会社の純資産が、利益が出たことで10億円増加しました。この場合、10億円の40％にあたる4億円が、連結損益計算書の営業外収益の「持分法による投資利益」に計上されるのです。

関連会社であるか、子会社であるかは、連結決算をするうえで大きな差が出ます。子会社の場合は、それぞれの勘定科目が親子間の取引を除いてすべて足し合わされると説明しました。そこでもし、子会社がたくさんの借入金を抱えていたら、それもすべて合算されてしまうのです。ところが、関連会社であれば、借入金の額は一切分かりません。あくまでも、持分法による投資利益と損失のみが、連結損益計算書に計上されるのです。

昔、この仕組みを悪用する会社が少なからずありました。どういうことかと言うと、もし、子会社がたくさんの負債を抱えていると、連結したときに合算されてしまって、連結の財務内容が悪化してしまいます。そこで、「負債の多い子会社を関連会社にしてしまえば、連結しなくて済む」と考える会社が出てきたのです。

50％を超える議決権を持つ先が子会社であるわけですから、49％の会社は、ギリギリ子会社ではなくなります。関連会社となります。そこで、議決権の比率を50％未満に下げてしまえば、多額の負債を隠すことができるのです。

こうした悪用を防ぐため、**日本では、2000年3月期から国際会計基準の一部が導入され、連結のルールが厳しくなりました。**具体的にどのような点が変更になったかと言うと、一つは、連結決算が「主」、親会社単体の決算は「従」という位置づけになったのです。それ以前は、親会社単体の決算が主として重視され、連結決算はおまけにしか過ぎませんでした。

もう一つの変更点は、議決権が50％を切っていても、実質的に「支配」していると見なされる先は、連結処理をしなければならないというルールができたことです。

例えば、40％の議決権を持つ会社があったとします。その会社は、親会社から社長を歴代送り込まれていたり、取締役の過半数が親会社から来ていたりするというように、実質的には親会社に支配されている状態でした。この場合、もし、この会社が潰れますと、「関連会社だから、親会社は無関係です」とは言えませんね。

このように、親会社が実質的に支配していると認められる場合は、子会社として連結処理をしなければならないというように、「支配」しているかどうかで子会社かどうかを判断するようになったのです。

第2章

注目の経営指標「ROE」を完全理解する

――「ROA」との違いは？　どうすれば高まる？

いよいよ、注目のROEとROAの説明に入ります。第1章で貸借対照表と損益計算書の基本を学びましたが、この知識をもとに解説していきます。

少し専門的な内容になりますが、それほど難しいことではないので、ゆっくり読み進めれば必ず理解できます。安心してついてきてください。

◆「ROE(自己資本利益率)」とは?

ROEとは「Return On Equity」の略で、**「株主が会社に預けているお金を使って、どれだけリターン（利益）を稼いでいるか」を見る指標**です（「率」ですので、「○%」という形で表されます）。これは次の式で計算されます。

ROE＝当期純利益÷自己資本（≒株主資本）

「当期純利益」も「株主資本」も第1章で説明しましたので、もう大丈夫ですよね。「自己資本」という言葉が出てきて戸惑ったかもしれませんが、これは「株主資本」とほぼ同じものです。のちほどコラム（80ページ）で両者の違いを説明しますが、同じものと考えて読み進めてもらってもかまいません。要は、「会社が株主から預かっているお金」ということです。

したがって、このＲＯＥの数値が高い企業というのは、「株主から預かったお金を使って効率よく利益を稼いでいる企業」ということができます。

なお、**ＲＯＥを計算するときの注意点は、必ず「当期純利益」を使う**ということです。株主に帰属する利益は、営業利益でも経常利益でもなく、当期純利益だからです。

ここでは、まずは定義だけ頭に入れてください。のちほど、これがどういう意味を持つのか詳しく説明します。

「ＲＯＡ（資産利益率）」とは？

続いて、ＲＯＡの説明をします。これは「Return On Asset」の略で、**「企業が資産（Asset）に対して、どれだけの利益を生んでいるか」を示す指標**です（ＲＯＥと同様に「○％」という形で表されます）。

◆図2-1　貸借対照表のおさらい

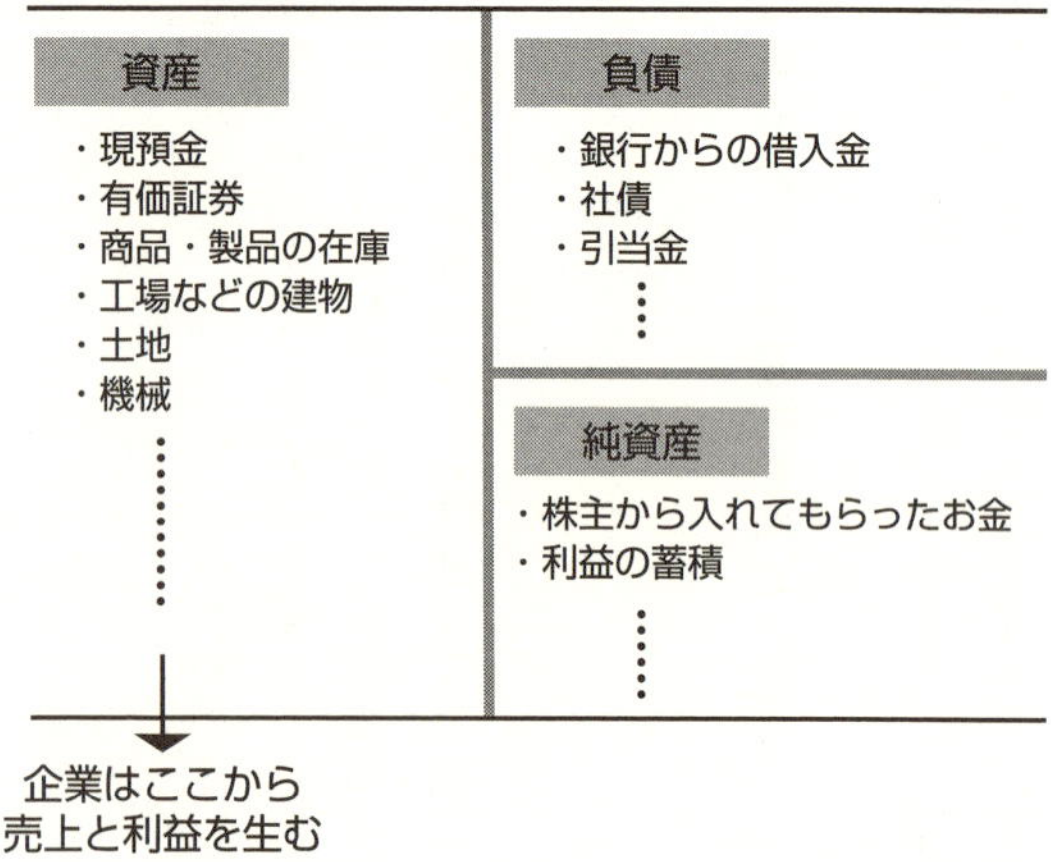

資産	負債
・現預金 ・有価証券 ・商品・製品の在庫 ・工場などの建物 ・土地 ・機械 ……	・銀行からの借入金 ・社債 ・引当金 ……
	純資産
	・株主から入れてもらったお金 ・利益の蓄積 ……

「資産」については、第1章で説明した貸借対照表の構造を思い出してください。左サイドの「資産の部」には、その会社が保有するさまざまな資産がまとめられていました。現預金から有価証券、それから、商品などの在庫、土地や製造業であれば工場、鉄道会社であれば鉄道や建物など……。会社が事業を行う上で必要な「財産」が並んでいましたね。

　企業は、貸借対照表の左側にある「資産」を使って「売上高」を稼ぎ出します。第1章で見たように、損益計算書では、こうして稼ぎ出した売上高から、費用を差し引くことで「利益」を算出しましたね。

　この知識をふまえて、ROAの計算式を見てください。

ＲＯＡ＝利益÷資産

ここにある「利益」とは、営業利益、経常利益、当期純利益、どれを使ってもかまいません。資産を使って本業でどれだけ利益を稼いでいるかを知りたければ「営業利益」を、株主に帰属する利益と比べたければ「当期純利益」を代入すればいいのです。

どの利益を使うにしても、ＲＯＡが高い企業ほど、資産あたりの利益を効率よく稼いでいる企業ということができます。

二つの定義を整理しますと、ＲＯＥとＲＯＡの分子はいずれも利益（ただしＲＯＥの場合は必ず「当期純利益」を使う）、分母はＲＯＥが「自己資本（貸借対照表の右下の純資産の一部を占めるもの）」、ＲＯＡは「資産（貸借対照表の左サイド全部）」ということでした。

右ページの貸借対照表の図を見直して、復習してみてくださいね。

【コラム】「株主資本」「自己資本」「純資産」の違いとは?

ここで改めて、この三つの違いを整理しておきたいと思います。

2006年5月に「会社法」という法律が施行されました。旧来の商法第二編の「会社」を分離、刷新したものです。会社の設立や解散、運営や資金調達など、いわゆる「会社の仕組み」を定めた法律です。この法律の細則で、貸借対照表の表示の仕方が新しく規定されました。同時に「株主資本」「自己資本」「純資産」の違いが明確になったのです。

新会社法が施行される前までは、これら三つは同じものと見なされてきました。ざっくりと「株主資本＝自己資本＝純資産」と考えられていたのです。境目が曖昧《あいまい》だったわけですね。

それが、新会社法では、明確に定義されました。純資産の部は、「**①株主資本**」「**②評**

◆図2-2　株主資本、自己資本、純資産の違い

純資産の部		呼び方		
①株主資本	資本金	株主資本 ＝①	自己資本 （株主持分） ＝①＋②	純資産 ＝①＋②＋ ③＋④
	資本剰余金			
	利益剰余金			
	自己株式			
②評価・換算差額				
③新株予約権				
④少数株主持分				

価・換算差額」「③新株予約権」「④少数株主持分」という四つのセクションに分けられていましたが（59ページ参照）、これらを元にまとめますと、次のようになります。

株主資本＝①株主資本
自己資本＝①株主資本＋②評価・換算差額
純資産　＝①株主資本＋②評価・換算差額＋③新株予約権＋④少数株主持分

自己資本比率やＲＯＥを計算するとき、先にも述べたように、ほとんどの会社の場合、自己資本の代わりに株主資本や純資産を使ってもたいして数字に違いは出ません。ですから、あまり神経質になる必要はありません。実際、第1章でも述べたように、私は通常は自己資本比率を「純資産÷資産」で計算するようにしています。

ただしＲＯＥを計算する場合は、０・１％の違いまで厳密に考える必要があるので、純資産のうちどこまでが既存の株主に帰属するものなのか厳密に考えたほうがいいと思います。そこで本書では「純利益÷自己資本（＝①株主資本＋②評価・換算差額）」の式を採用しています。

なぜ株主はＲＯＥを重視するのか？

株主は、さまざまな経営指標の中でも「ＲＯＥ」を重視しています。特に、機関投資家の場合はそうです。理由は単純で、**ＲＯＥを見れば、「その企業が自分たち（株主）が企業に預けているお金で、利益（厳密には当期純利益）をどれだけ効率よく稼いでくれているか」が分かる**からです。単純にそれだけの話です。

仮に、当期純利益を１００億円出した会社が二つあって、Ａ社は自己資本が１兆円、Ｂ社は自己資本が５００億円だったとしましょう。どちらのＲＯＥが高いかは分かりますよね。

A社のROEは1%、B社のROEは20%です。

株主からすると、利益の絶対額は同じでも、500億円の自己資本で100億円の利益を出したB社のほうが、圧倒的に経営が上手だなという判断になります。

また、当期純利益は配当の源泉です。第1章で説明したように、貸借対照表の「利益剰余金」というところにいったん入って、そこから株主に配当が支払われるのでしたね（62ページ参照）。ですから株主としては、自分が会社に預けているお金に対して当期純利益を効率よく稼いでくれるB社のほうが評価が高い、ということになるわけです。

株主と言っても、個人投資家の中には「ROEを気にしない」「そもそもROEが何かを知らない」という人もいるかもしれません。

しかし、機関投資家は違います。彼らは、企業が「株主から預かったお金でどれだけ効率よく経営しているか」を非常に気にしますし、それを見る指標としてROEをとても重要視しています。ちなみに、機関投資家とは、生命保険会社や年金を運用している年金ファンド、銀行などの金融機関などのことです。彼らは個人とは比較にならないほどの莫大な投資をしており、金融市場に大きな影響を及ぼしています。

そんななか、ROEが低いままだとどうなるでしょうか。

ROEが低いということは、株主から預かっている資金に対するリターンが低いわけですから、ROEが高い会社に比べて株価が低迷しがちです。投資家にとっては、配当とともに株価の上昇を望んでいるわけですから、株価の低迷は投資家の望むところではありません。

また、株価が低迷する企業は時価総額が低くなるので、他の企業やファンドなどから買収されやすくなってしまいます。ですから、特に上場企業の経営者は、ROEを無視することはできないのです。

◆「ROEが高い＝投資リターンが高い」とは限らないが……

本筋からは少し外れますが、ここでROEと似て非なる**「ROI（Return On Investment＝投資利回り）」**の説明をしておきます。これは経営指標ではなく、投資家が「自分が投資した金額に対して、どれだけリターン（利回り）を得られるか」を示した指標です。

例えば、ある投資家が100万円の株式投資をして、これが1年後、配当と株式の値上がり分を合わせて110万円になったとします。この場合、（110万円－100万円）÷1

００万円＝10％の利回りになります。これがＲＯＩです。難しくないですよね。

ＲＯＥは、あくまでも「自己資本」をベースに「純利益」がどれだけ生まれたかを見る指標ですから、実際に個々の投資家がいくらのリターンを得ているかは分かりません。例えば、ＲＯＥが10％であっても、株価の変動や配当額によっては、１００万円投資したものが２００万円になっている（この場合、ＲＯＩは１００％）可能性だってあるのです。ＲＯＥはあくまでも、自己資本に対する利益率を見ているわけで、それはどの投資家にとっても一律で、経営の良否の判断材料ということになります。

一方、ＲＯＩは投資家ごとにバラバラです。同じ日に同じように投資をすればＲＯＩは等しくなりますが、一般的には、投資した日も株価もそれぞれ違うわけですから、ＲＯＩは異なる数字になります。一方、ＲＯＥは企業の自己資本と純利益から計算されますので、誰にとっても同じ数字になります。

投資家にとってより重要なのはＲＯＥでしょうか、それともＲＯＩでしょうか。それは断然ＲＯＩです。「投資して結局自分がいくら儲かったか」をそのまま示すものですからね。

ではなぜ投資家はＲＯＥも重要視するかというと、投資家それぞれで違うＲＯＩを持ちだしても、会社の効率性（つまり、経営の良否）を一般的に判断することはできないからです。また、ROEが高いほうが、低いよりは配当が高くなったり株価が上がったりする可能性が高いので、結果的にROIも高くなるのではないかと考えるからです。

見方を変えますと、ROEの変動は経営側の責任と言えます。経営者がうまく経営していれば上がりますし、失敗すれば下がります。

一方、ROIは投資家がいつ買うか（または売るか）にも左右されますから、投資家側の問題も大きいのです。ただ、経営がうまくいきROEが高まれば、ROIも上がる可能性が高まるので、投資家としては経営側に対してROEの向上を期待するわけです。

なぜ今、日本で「ROE」がブームになっているのか？

ここまでの説明で、株主や経営者がROEをとても重視する理由は分かっていただけたと思います。「はじめに」でも述べたように、いまや**日経新聞で「ROE」という言葉を目にしない日はないほど**です。

でもここで一つ疑問が湧きませんか。そんなに重要な経営指標であれば、もっと昔から注目されていてもおかしくないはずです。ＲＯＥは別に新しい指標ではありません。私が習ったのは、30年以上も前にアメリカのビジネススクールに通っていたときです。

じつは１９９０年代半ばにも、ＲＯＥが市場で大きな注目を集めたことがありました。

バブル崩壊以前は、日本企業の株式の多くは取引のある会社や銀行が持っていましたので、いわば仲間同士が株式を持ち合っている状況でした。これを「持ち合い」と言います。

当然、お互いの経営に対してうるさいことは言いません。口も出さず、「物言わぬ株主」になっていました。その結果、経営者はたとえ株主が期待するほどの利益を出せていなくても、ある程度好きに経営をすることができました。また、株主への還元についても今ほど真剣には考えていませんでした。**「株主のほうを向いた経営」をしていなかった**のです。

ところがバブルが崩壊すると、体力を失った企業や銀行は保有株式を売却し、持ち合いの解消が進みます。代わって株式の保有比率が急速に高まったのが「外国人投資家」でした。

次ページの図のように、いまでは外国人持ち株比率が半数を超えるという日本企業も珍しくありません。

◆図2-3　外国人持ち株比率が高い企業例

企業名	外国人持ち株比率
すかいらーく	77.4%
日産自動車	72.5%
ドンキホーテホールディングス	60.8%
アデランス	60.2%
日本マクドナルドホールディングス	55.5%
ソニー	52.7%
任天堂	48.8%
三井住友フィナンシャルグループ	47.9%
良品計画	46.4%
ソフトバンク	45.6%
カルビー	45.1%

※数値は2015年５月14日時点のもの（小数点第２位以下は切り捨て）

外国人投資家の増加にともない、もっと「株主のほうを向いた経営」をせよ、という声が強まります。彼らは日本企業に次のようなことを求めてきました。「会社は、積極的に投資をしたり、効率的に利益を稼ぐように努力したりして、株主の利益が高まるような経営をするべきだ」と。そこで、「株主から預かったお金を使って、どれだけ効率よく利益を稼いでいるか」を見るＲＯＥに注目が集まったわけです。

ところが、90年代では、ＲＯＥ重視の経営が日本企業全般に広く定着したわけではありませんでした。実際、その後も日本企業のＲＯＥは欧米企業に比べて低い状態が続いてきました。

例えば、２０１４年度の**東証一部上場企業のＲＯＥの平均は約８％ですが、欧米企業の平均**

は10〜15%です。以前に比べれば高くなったものの、欧米企業に比べるといまだにかなり低いと言えます。

ではなぜ、最近になって「ROE」という言葉を目にする機会がこんなにも増えたのでしょうか。

大きなきっかけとなったのは、2014年8月に発表された**「伊藤レポート」**です。

これは、経済産業省が中心となって進めた「持続的成長への競争力とインセンティブ〜企業と投資家の望ましい関係構築〜」プロジェクトの最終報告書のことです。同プロジェクトの座長を務めたのが一橋大学大学院特任教授の伊藤邦雄先生で、そこから通称「伊藤レポート」と言われています。

いったい、このレポートにはどのようなことが書いてあったのでしょうか。

バブルが崩壊した1990年以降、日本経済は急速に冷え込み、長い間低成長が続いてきました。伊藤レポートでは、その最大の原因は日本企業の利益効率が低いことにある、と言っています。そこで同レポートは、**「日本企業はROE8%を最低ラインとして、その上を目指すべき」**と具体的な目標を提示しました（利益効率とROEの直接的関係については、後に、105ページの「ROEの分解式」のところで詳しく説明します。ROEの式を分解すると、さらに深いことが見えてくるのですよ)。

また日本企業が「稼ぐ力」を取り戻すためには、企業と投資家の関係を対立的に捉えるのではなく、「協創(協調)」的に捉えて、経営者と投資家がもっと対話すべきだ、という提言もしています。

ここからは私の解釈ですが、これは投資家も企業の成長を促すように対話をするとともに、企業も、もっと株主のほうを向いた経営をしなさい、ということだと思います。先ほども言いましたが、日本企業は昔から内部指向が強く、株主のほうを向いていないということがずっと言われてきました。

例えば、取締役というのは本来は株主の代理人であり、経営者(業務執行を行う役員)がきちんと経営しているかどうかを「取り締まる」ものですが、日本企業の取締役にそんなイメージはあまりありませんでした。社長の子飼いの役員だっていますし、経営者と取締役の関係がなぁなぁという会社はいまだに少なくないと思います。

一方、特にアメリカの企業では、取締役の大半が社外取締役ということも珍しくありません。それだけに、経営者が正しい意思決定をして、まともなパフォーマンスを出しているかということがシビアに問われる。場合によっては即座に解任、ということもあるわけです。こうした状態を**「コーポレートガバナンスが効いている」**と言います。

グローバル経営と言われる時代、日本企業もなぁなぁの経営ではなくガバナンスをもっと強化し、それによって収益力を高め、株主を重視した経営をしていかないと、海外からの投資が集まらない。逆に言うと、そうした経営をしていけば、投資も集まるし、企業の収益力もさらに高まり、日本経済全体ももっと活性化していくだろう、というのが伊藤レポートの主旨だと私は考えています。

この提言と呼応するように、金融庁が動き出しました。日本株に投資している国内外の機関投資家に企業との対話を促す**「日本版スチュワードシップ・コード」**と、会社のガバナンスを強化するための**「コーポレートガバナンス・コード（企業統治指針）」**を制定したのです。前者は2014年2月からすでに導入されています。これは、投資家に対してのもので、投資家は企業に対し長期的な発展を促すための対話を重視するものとしています。また後者は、企業に対してのもので、2015年6月から導入され、東京証券取引所に上場する企業は独立した社外取締役を2人以上置くことなどが求められるようになりました。

◆◆◆◆◆ 低ＲＯＥが続くと、社長がクビになる!?

さらに、外国人投資家に強い影響力を持つ、世界最大手の議決権行使助言会社ＩＳＳ（Institutional Shareholder Services）も大胆な方針を打ち出しました。２０１５年版「議決権行使助言方針」の中で、「過去５年間の平均と直近決算期のＲＯＥがいずれも５％未満の企業については、経営トップの取締役選任議案に反対するよう株主に勧める」という方針を発表したのです。つまり、**過去５期の平均ＲＯＥが５％を下回れば、社長をクビにするようプレッシャーをかける**、というわけです。

もう一つ、２０１４年１月につくられた新しい株価指数「ＪＰＸ日経インデックス４００」の存在も、ＲＯＥ重視の流れに拍車をかけました。この株価指数は、日本経済新聞社、日本取引所グループ、東京証券取引所が共同で開発したもので、３年間の平均ＲＯＥや、累積営業利益、基準時の時価総額などを考慮して上位４００銘柄を選んだインデックスです。

なぜ、この株価指数が重要なのかと言いますと、日銀が、買い入れている上場投資信託

（ＥＴＦ）にＪＰＸ日経４００も追加すると発表したからです。また、日本の年金を運用する年金積立金管理運用独立行政法人（ＧＰＩＦ）も、これを運用インデックスの一つに加えました。

日銀は、異次元緩和の一環として、ＥＴＦを月間２０００〜３０００億円ほど買い入れています。また、１３５兆円以上の規模を持つＧＰＩＦも国内株式の運用比率を12％から25％まで引き上げましたから、最終的には十数兆円規模の資金が株式市場に流れ込むことになります。つまり、ＪＰＸ日経４００に選ばれれば、その銘柄は当面の間、上がりやすくなるということなのです。

こういった背景から、企業にとって、**ＪＰＸ日経４００に選ばれるかどうかということは、今後の自社の株価を大きく左右するポイントになる**というわけです。この株価指数に含まれるためにはＲＯＥを高めることが必須ですから、こういった意味でも企業は必死になっているのです。

このような流れの中で、日本の上場企業は次々と具体的なＲＯＥ数値を経営目標に掲げるようになりました。

会社がＲＯＥの数値目標を掲げることは、「これからは株主の存在を今まで以上に重く受け止めますよ」「株主のリターンを重視しますよ」というメッセージでもあります。
それが新聞などで報道され、ＲＯＥという言葉を目にする機会が一気に増えたのです。

◆◆◆◆◆◆「高ＲＯＥ企業＝優良企業」は本当か？

この見出しを読んで意外に思った人もいるでしょう。「ええ、高ＲＯＥ企業＝優良企業じゃないの!?」と。たしかに一般的にはその通りだと思います。しかし何事も一般論だけでは語れないことがあるものです。

復習になりますが、ＲＯＥは「当期純利益÷自己資本」で計算される指標でしたね。

ＲＯＥを高める方法としては、
①分子である「当期純利益」を上げる
②分母である「自己資本」を下げる
という二つの方法があります。

①と②の方法のどちらがいいかといえば、当然うまく経営をして純利益を上げることでROEを高めること（①の方法）のほうが望ましいのですが、②の方法で手っ取り早くROEを高めることもできるのです。

実際にいま多くの企業がやっているのは、②の方法の一つである**「自社株買い」**です。企業が市場に流通している自社の株を買うことですが、これをするとなぜROEが向上するのでしょう。ここはとても重要なポイントなので、丁寧に説明します。

まず、企業が自社株買いをすると、貸借対照表の純資産の部の「株主資本」の中にある「自己株式」という項目に、その分だけマイナス額として計上されます。ここまでは第1章で説明したので大丈夫ですね（忘れてしまった人は65ページを読み返してみてください）。

なぜ自社株買いを株主資本のマイナスとして計上するかというと、企業は購入した自社株はひとまずそのまま保有し続けるのが一般的ですが、将来的には消却してしまうことが多いからです。消却とは、文字通り「消し去ってしまう」ことです。ですので、将来消却される前提で、自社株を購入した時点でマイナスに計上することになっているのです。

したがって、**自社株買いをすると、株主資本や自己資本はその分だけ減ります。つまり、**

自社株買いをするとＲＯＥの計算式の分母（自己資本）が減り、それによってＲＯＥは高まることになるのです。

また自社株が将来的に消却されると、発行株数が減ることになり、１株あたりの純利益は逆に増えることになります。１株あたりの純利益は配当の源泉ですから、それが増えれば当然株価は上がりやすくなり、リターンも増えるということです。

つまり、投資家から見ますと、自社株買いは非常に有難いことなのです。一方、企業にとってもＲＯＥが高まるというメリットがあります。今、多くの企業が自社株買いを行っているのは、これが理由です。

❖❖❖❖❖「自社株買い」を大量に行えば、ＲＯＥはすぐに高まるが……

ただし、問題もあります。第１章の貸借対照表の説明で「資産をまかなうために、負債と純資産で資金を調達している」と説明しました。負債はいつかの時点で必ず返済しなければいけないもので、純資産は返済義務のないものでしたね。企業は負債が返せなくなったときに倒産します。

この理屈から、会社の中長期的な安全性を調べるために、「自己資本比率＝自己資本（≒純資産）÷資産」という指標を見るとお話ししました（47ページ参照）。また、負債と純資産の割合を比べたときに、「純資産＝返済義務のないお金」の割合が大きい企業、つまり自己資本比率の高い企業のほうが中長期的な安全性が高いという説明もしました。

もう皆さんはお気づきだと思いますが、自社株買いを行いますとROEは高まりますが、純資産が減るわけですから自己資本比率は下がります。つまり、会社の安全性が低下してしまうのです。

先ほども言いましたように、純資産（正確には株主資本）を減らすことなく、純利益だけ上げていけばROEは高まります。このやり方であれば、まったく問題はないのです。経営サイドはよく頑張ったということです。

しかし、**手っ取り早くROEを高めようとして自社株買いをやりすぎますと、純資産が減少して、会社の安全性に問題が出てくる可能性もある**のです。安全性があまりに損なわれますと、当然、会社が潰れる可能性が高まりますから注意が必要です。

十分に自己資本比率が高い企業なら問題はありませんが、それほど十分な自己資本比率を持たない企業が自社株買いをするのは当然問題です。今のところ、そこまでしてROEを高めようとしている会社はありませんが、今後、ROEを重視しすぎることでこのような事態が起こる可能性も否定できません。つまり、「めちゃくちゃ不安定な高ROE企業」というケースも考えられるわけです。

少し話がややこしかったかもしれないので、説明を補足しておきましょう（図2－4参照。ここでは説明を簡便にするために、「自己資本＝純資産」と考え、つまり新株予約権や少数株主持分がないと想定し、「ROE＝当期純利益÷純資産」で計算します）。

仮に資産が100、負債が50、純資産が50、それで当期純利益を10出した会社があるとします（図2－4の貸借対照表①）。このときROEは20％、自己資本比率は50％ですね。

では、資産と純利益はそのままで自己資本比率を10％にした場合（図2－4の貸借対照表②）、ROEはいくつになるでしょう。負債が90、純資産が10になりますから、ROEは10÷10で100％になります。

つまり、同じ資産規模、純利益額でも、自己資本比率が低いほど（＝負債の割合が大きい

◆図2-4　自己資本比率が下がるほど、ROEは高まる

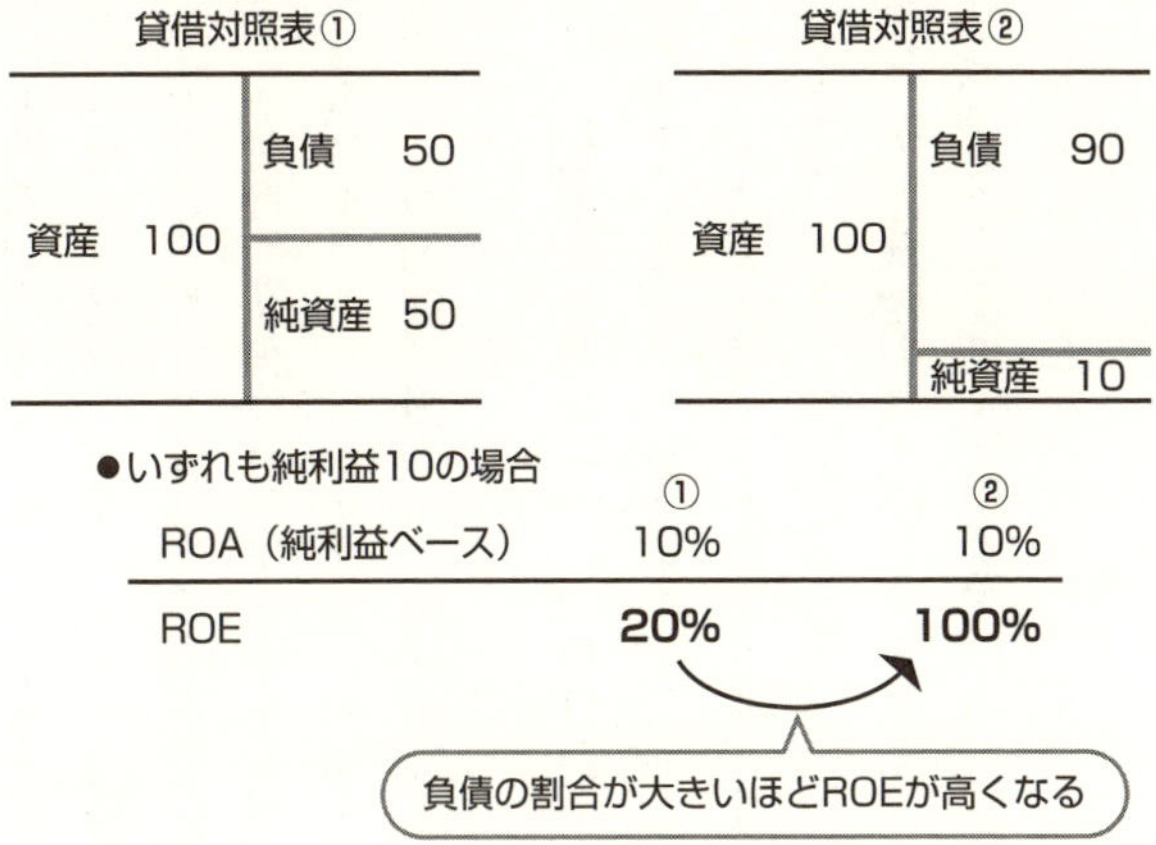

ほど）、ＲＯＥは高まるということです。「ＲＯＥ＝利益効率」と、「自己資本比率＝安全性」は裏腹な関係にあると言ってもいいでしょう。

ちなみにこのケースでＲＯＡはどう変化するでしょうか？

答えは「変化しない」です。自己資本比率が50％でも10％でも、「ＲＯＡ＝利益÷資産」は10÷100なので同じ10％になります。

◆リストラをすればＲＯＥが上がる？

自社株買いをする際にはもう一つ注意しなければならない点があります。会社が自社株を買うときは、普通、現預金を使って購入します。現預金を減らしますと、会社の「短期的な」安

全性にも問題が出てくる可能性もあるのです。

詳しくは第3章の154ページで説明しますが、会社の短期的な安全性を調べるためには、「手元流動性＝（現預金＋有価証券などのすぐに現金化できる資産＋すぐに調達できる資金）÷月商」が何カ月分あるかを計算します。会社は負債を返済するためのお金がなくなったときに潰れるわけですから、現預金や有価証券などの「すぐに現金として使える資産」が減ると、短期的に潰れる可能性が高まってしまうのです。

では、現預金を減らさずに、銀行からお金を借りて自社株を買えばいいのではないか、と考える人もいるかもしれません。しかし、借り入れをすると負債が増えてしまうので、自己資本比率がより大きく下がってしまいます。

ですから、ある一定限度を超えて、**安全性を犠牲にしてまでROEを高めるというのは、経営としては健全ではない**と言えます。高い自己資本比率と潤沢な資金を持っている会社であれば、少々自己資本比率を下げて自社株買いをしても問題はありませんが、自己資本比率の低い会社は注意しなければなりません。

投資家の立場から考えても、会社が潰れてしまっては元も子もありません。そもそも、ＲＯＥは直前の期末の「当期純利益」と「自己資本」から計算されますから、場合によっては、短期的な指標でしかないのです。会社が将来的な安定性を損なっていないかという点も同時に見るようにする必要があるのです。また、本来、長期的な投資などに使うはずの資金を、ＲＯＥを高める目的のために自社株買いで使うのも当然、問題があります。

ただ、投資家の中には、短期投資で稼ごうとする人たちが少なからずいます。先に説明した「日本版スチュワードシップ・コード」では、投資家に企業の長期的な発展を促すことを求めていますが、現実には、そこまで、会社の中長期的な未来を考えている人は少ないのが実状ではないでしょうか。

機関投資家のファンドマネージャーは、３カ月程度のスパンでパフォーマンスを評価されることも少なくありませんから、短期で儲けなければ、クビになるか減給になってしまいます。このような投資家は、投資先の会社の5年先、10年先のことなど考えていない場合もあります。また、「長期的な」成長を望むという場合でも、それが、２年なのか、５年なのかがはっきりしないことも少なくありません。

短期的なリターンやそれに関連するＲＯＥの向上を期待している投資家たちからプレッシ

ャーをかけられて、会社の経営層が安易にＲＯＥを高めようとしてしまうと、長期的な会社経営に大きな間違いを起こしかねません。

ＲＯＥを短期的に高める別の方法は、コストカットをすることです。

ＲＯＥを高めるには、純利益を上げるか、自己資本を減らすかという二通りのやり方があることは先ほど説明しました。

そこで人件費などのコストを一気に削減してしまえば、すぐに純利益が上がります。第1章で損益計算書の説明をしましたが、最終利益である当期純利益は、売上高から原価、販管費、損失などの費用を差し引くことで算出されるのでしたね。

この中で、企業努力によって削減できるのは多くの場合、「原価」や「販管費」です。製造業の場合の原価や販管費の多くを占めるのは人件費ですから、そこを減らしてしまえば、すぐに純利益を上げることができるのです。

しかし、「すぐにＲＯＥを高めたい」という短絡的な思考で人件費を削減しますと、非正規雇用の人ばかりが増えたり、企業価値を生み出す源泉である従業員が辞めたり、彼らのモチベーションを下げてしまったりすることも考えられます。

このように、短期的なROEだけを考えてしまうと、**中長期的な会社の安定性や、従業員の問題に十分配慮した経営ができなくなる可能性がある**ということは十分に認識しておく必要があります。

高ROEの会社は、一般的には優良企業です。特に株主の目には、非常にいい会社に映るでしょう。しかし、繰り返しになりますが、中長期的なことを十分に考えて経営されているかどうかもセットで見なければ、会社も、そして株主も結局は損をしてしまうのです。

◆ROEとROA、どちらが大切か？

皆さんは「ROE」と「ROA」、どちらがより大切だと思いますか？

結論から言いますと、答えは「ROA」です。この点は経営という観点から見ますと、とても大切なことなのです。

今、企業がこぞってROE目標を定めていますが、ROEだけに焦点を絞ると健全な経営ができなくなる恐れがあります。私はこの点を非常に懸念しているのです。

しかし、**ROEよりROAのほうが大事だという点をちゃんと理解している人は少ないのではないでしょうか。**

かなり昔、日本経済新聞が、日本の上場企業の経営者たちに「経営指標の中で最も重視しているものは何か？」と調査した結果をまとめた記事を掲載していました。複数回答が可能だった中で、ダントツの一位が「ROE」だったのです。

私はその結果に大きなショックを受けました。ROAを最重視するのが当然だと思っていたからです。

では、なぜROAが最も大切な指標なのでしょうか。少し専門的な話になりますが、ゆっくり読み進めてください。

もう一度復習です。

ROEは「純利益÷自己資本」で計算するのでしたね。

では、ちょっと数学的なトリックになりますが、この右辺に「売上高÷売上高」と「資産÷資産」（つまり、両方とも1）をかけてみてください。すると、次ページの上図のような式に分解できます。

◆図2-5　ROEとROAの分解式

$$\text{ROE} = \frac{\text{純利益}}{\text{自己資本}}$$

これに、$\frac{\text{売上高}}{\text{売上高}} \times \frac{\text{資産}}{\text{資産}}$ (=1) をかけると…

$$\frac{\text{純利益}}{\text{売上高}} \times \frac{\text{売上高}}{\text{資産}} \times \frac{\text{資産}}{\text{自己資本}}$$

$$\text{ROA} = \frac{\text{純利益}}{\text{資産}}$$

これに、$\frac{\text{売上高}}{\text{売上高}}$ (=1) をかけると…

$$= \frac{\text{純利益}}{\text{売上高}} \times \frac{\text{売上高}}{\text{資産}}$$

$$= \text{売上高利益率} \times \text{資産回転率}$$

より重要なのはROA

◆図2-6　ROEとROAの関係

$$\text{ROE} = \frac{\text{純利益}}{\text{売上高}} \times \frac{\text{売上高}}{\text{資産}} \times \frac{\text{資産}}{\text{自己資本}}$$

$$= \text{ROA} \times \text{財務レバレッジ}$$

（財務レバレッジ：自己資本比率の逆数）

次に、ROAの式を振り返ってみてください。ROAは「純利益÷資産」で求められましたね（ここでは説明を簡便にするために、利益に純利益を使っています）。

この式の右辺に「売上高÷売上高」をかけますと前ページの下の図のような式になります。ここにある「純利益÷売上高」は「売上高利益率」、「売上高÷資産」は「資産回転率」と言います（この指標は資産の有効活用度合いを表す重要な指標ですが、後でまた説明します）。

そこで、もう一度、ROEの分解式を振り返ってみてください。

ROEの分解式をよくよく見ますと、最初の二つの項は、ROAの分解式とまったく同じです。最後の、三つめの項の「資産÷自己資本」は「**財務レバレッジ**」と呼ばれる数値です（のちほど説明します）。

したがって、ROEは次の式にまとめられます。

ROE＝ROA×財務レバレッジ

少し数式が続きましたが大丈夫ですか。この式は、ROEとROAを理解する上で、非常に大切な部分になりますので、しっかりと頭に入れてください。

この式を見ると、ROEを高めるには、次の二つの方法があると考えることができます。

①ROAを高める
②財務レバレッジを高める

②の「財務レバレッジ（資産÷自己資本）」が何だか分かりますか？　よく見てみてください。「自己資本比率（自己資本÷資産）」と分子と分母が逆になっていませんか。つまり自己資本比率の逆数なのです。

つまり**ＲＯＥは、同じ利益を出していても、自己資本比率が低いほど高まる**と言えるわけです。先ほど98～99ページで説明したのと同じことを言っていますね。

これも繰り返しになりますが、自己資本比率は会社の中長期的な安全性を示す重要な指標です。したがって、財務の安定性を低めるほど、同じ純利益でもＲＯＥを高めることができると言えるのです。

私は、ＲＯＥを軽視すべきだとは言っていません。むしろ逆で、株主還元のためにもＲＯＥは高めるべきだと思います。

ただし、優先順位としては、ＲＯＡを高めることによってＲＯＥを高めなければならないということです。単純にＲＯＥだけを高めようとして、財務レバレッジを高める（＝財務安定性を低める）のは、経営上、先にも指摘したように、問題が生じる恐れがあります。経営者はこの点に注意しなければなりません。

なお、「レバレッジ」とは「てこ」という意味ですが、**ファイナンスの世界では「負債」、中でも「有利子負債」を指します。**負債を利用することで収益を上げるという意味で、負債がてこの役割を果たすと考えられているからです。

高い自己資本比率の企業は、自社株買いなどをして、多少、自己資本比率を落としても問題はありませんが、大原則として経営者はROEよりもROAを高めることを念頭に置くべきです。

ROEよりもROAのほうが大切だという理由は、もう一つあります。

経営者は資産をまかなうために、負債と純資産で資金を調達しているわけです。ですから、**経営者は負債と純資産の両方に対して責任があり、それに見合ったリターンを出す必要があります。**それを示す指標がROAなのです。ROAは、資産全体に対する利益の割合ですからね。

会社は、純資産にだけ見合ったリターン（ROE）を出していればよいというものではありません。ROE第一ということは、株主を一番に考えているということであり、負債の出し手は二の次と考えているともとれるわけです。

これは、負債を提供する社債権者や銀行に対して失礼な考えではないでしょうか。ですから、**「ROAを高めることによってROEを高める」という健全な考え方が、経営者には必要**なのです。

◆◆◆◆◆ 実際の企業のROEとROAを見てみよう

ここで、具体的にいくつかの企業のROEとROAを比較してみましょう。

ROEとROAは、日本経済新聞電子版や会社四季報オンライン（東洋経済新報社）、Yahoo！ファイナンスなどで調べることができますから、手で計算しなくてもかまいません。ただし、計算式や考え方だけは必ず理解しておいてください。

ここでは、ヤフー、新日鐵住金、三越伊勢丹、ファーストリテイリングの4社の数字を比較します。

ヤフーはROEが20・2％、ROAが14・8％、自己資本比率は73・3％と、すべてとても高い水準になっています。資産を効率的に使って利益を出しており、自己資本へのリターンも高く、会社の安全性も高いという文句なしの状況です。ヤフーなどのIT業は資産規模が小さく、利益率も高い業種ですから、いずれの数字も高くなりやすいのです。

◆図2-7　4社のROE、ROA、自己資本比率の比較

	ROE	ROA	自己資本比率
ヤフー	20.2%	14.8%	73.3%
新日鐵住金	9.0%	3.4%	37.9%
三越伊勢丹	4.0%	1.6%	40.8%
ファーストリテイリング	12.8%	8.0%	62.3%

※ヤフー、新日鐵住金、三越伊勢丹は平成26年3月期決算、ファーストリテイリングは平成26年8月期決算から計算
※ここでは、ROE＝純利益÷自己資本、ROA=純利益÷資産、自己資本比率＝自己資本÷資産で計算

重厚長大産業の代名詞である新日鐵住金を見ますと、この期のROEは9・0%です。ちなみに、前の期は純損失を計上していましたから、ROE、ROAともにマイナスとなっていました。鉄鋼業のように、固定資産を多く要する業種では、減価償却費などの「固定費」が多く、業績が上がり始めると一気に回復するという特徴があります。鉄鋼業のように業績のアップダウンが激しい業種では、自己資本比率を比較的高くしておく必要があります。

2013年くらいまでは、中国などの海外勢との競争が激化していたことや、世界的な鉄余りだったことから、日本国内の鉄鋼業界は総じて低調が続いていました。そこで、新日鐵と住友金属は海外展開を強化し、競争力を高めようとして、2012年に経営統合を行いました。

このように、景気の波などによって一時的に純損失に転じ

る場合がありますから、**ＲＯＥやＲＯＡは過去数年から10年程度の推移を見るとよい**でしょう。伊藤レポートでも、ＲＯＥやＲＯＡは中長期的に見なければならないと指摘しています。

注意したいのは、三越伊勢丹です。自己資本比率は40・8％と高いものの、ＲＯＥは4・0％、ＲＯＡは1・6％と、ともにかなり低くなっていますね。利益率がかなり低いことが一目瞭然です。さらに、ファーストリテイリングと比べると差は歴然です。資産の有効活用が十分できていないのです。このままですと、百貨店業はじり貧になってしまうかもしれません。今は、中国人などのインバウンドの旅行客の消費が上がっていて「小康状態」ですが、この業界そのものの利益水準をいかに上げていけるかが課題です。

一方、ＳＰＡ（製造小売り）という点では少し業態は異なりますが、同じ小売りのファーストリテイリングは、ＲＯＥは12・8％、ＲＯＡは8・0％、自己資本比率は62・3％といずれもとても高水準です。百貨店と比べると、こちらの利益率のほうがはるかに高いのです。投資家や銀行から見ても、やはり百貨店よりもユニクロに資金を入れたいと思うのは当然です。株価も当然それに反応しがちです。

ここで、貸借対照表の構造を思い出してください。繰り返しになりますが、資産の部は、業種ごとに内容は異なります。百貨店ですと在庫などのたな卸資産があり、製造業ですと建物や機械などの固定資産が多く計上されています。しかし、右サイドの負債と純資産は、どの業種でも、ほぼ同じような勘定科目が並びます。

つまり、銀行や投資家は、右サイドの負債と純資産にお金を入れるわけですが、特に投資家はその会社がどんな事業をやっているかということはそれほど考えません。重要なのは、自分たちが預けたお金に対して、その会社がどれだけリターンを生んでいるか。あるいは、将来的にリターンを生むのか。考えるのはそこだけです。**貸借対照表の右側というのは、ある意味、非常に冷酷**なのです。

すると、百貨店のようにあまりリターンを生まない業種はどうなるでしょうか。投資家はよりリターンの高い業種や会社に投資をするようになりますから、百貨店への投資額はこのままではどんどん減っていく可能性があります。あるいは、十分なリターンを期待できる水準まで株価が下がるということになります。すぐに立ち行かなくなることはないでしょうし、個別の百貨店ごとに業績は違うでしょうが、全体としては、このままではなかなか厳しい状況が続くことになりかねません。

◆◆◆◆◆ ROAはどのくらいあれば合格か？

さてここからは中級編です。ちょっと難しくなりますが、大事な部分ですので、ゆっくり読み進めてみてください。

先ほど、「ROAを高めていくことでROEも高まるという経営が最も健全だ」という話をしました。では、どのくらいのROAを目指せばよいのでしょうか？

これを知る上で鍵となるのが、**「資本コスト」**という考え方です。この言葉、どこかで一度は目にしたり耳にしたりしたことがあるのではないでしょうか。でも、その意味するところをちゃんと説明できる人はほとんどいないはずです。

資本のコストというのは、ひと言でいえば資金の「調達コスト」ということです。

それだけではさっぱり分からない？

はい大丈夫です。これからゆっくり説明していきます。

まず復習になりますが、貸借対照表の構造を思い出してください。会社が事業を行うためには、「資産」が必要です。その資産を購入するためには、「負債」という形と「純資産」という形で資金を調達しなければならないのでしたね。

このようにして資金調達をするとき、当然ですが、「調達コスト」がかかります。**負債の場合、調達コストは「金利」**です。

負債には、借入金や社債などの有利子負債と、買掛金などの無利子負債がありましたね。有利子負債は、銀行から借り入れたり社債を発行する場合に、金利が発生します。一方、無利子負債には金利がかかりませんから、コストは発生しません。したがって、負債の調達コストは有利子負債の「金利」ということになります。

一方、純資産の調達コストは何でしょうか？　講演やセミナーでこの質問をしますと、多くの方が「配当」と答えます。決して間違いではありませんが、それだと配当をしない企業はコストがゼロということになります。

正しい答えは**「株主の期待利回り」**です。株主が預けている資金に対して期待する利回りが、純資産の調達コストと考えられています。

◆◆◆◆◆◆「銀行から借りたお金」より「株主から預かったお金」のほうがコストが高い

少しややこしいかもしれませんが、とても重要なことですので、さらに説明を続けますね。復習になりますが、純資産の大半を占めるのは「株主資本」です。

株主が会社に出資したお金は、株主資本にある「資本金」と「資本剰余金」に入れられます。会社は、株主から入れてもらった資金を使って利益を出すわけですが、その利益の蓄積が「利益剰余金」でしたね。つまり、資本金、資本剰余金という元手によって、利益剰余金という果実を生み出すというわけです。いずれにしても、これらを含む純資産は株主のものだということです。そして、株主は純資産を会社に預けているわけですから、それに対して期待する利回り（＝「期待利回り」）があるわけです。

そして、この**純資産の調達コストである「株主の期待利回り」は、「国債金利＋α」と計算されます**（左図参照）。

株主が預けている純資産が、もし、国債と同じ利回りしかなかったら、株主はお金をリス

◆図2-8　負債と純資産の「調達コスト」とは？

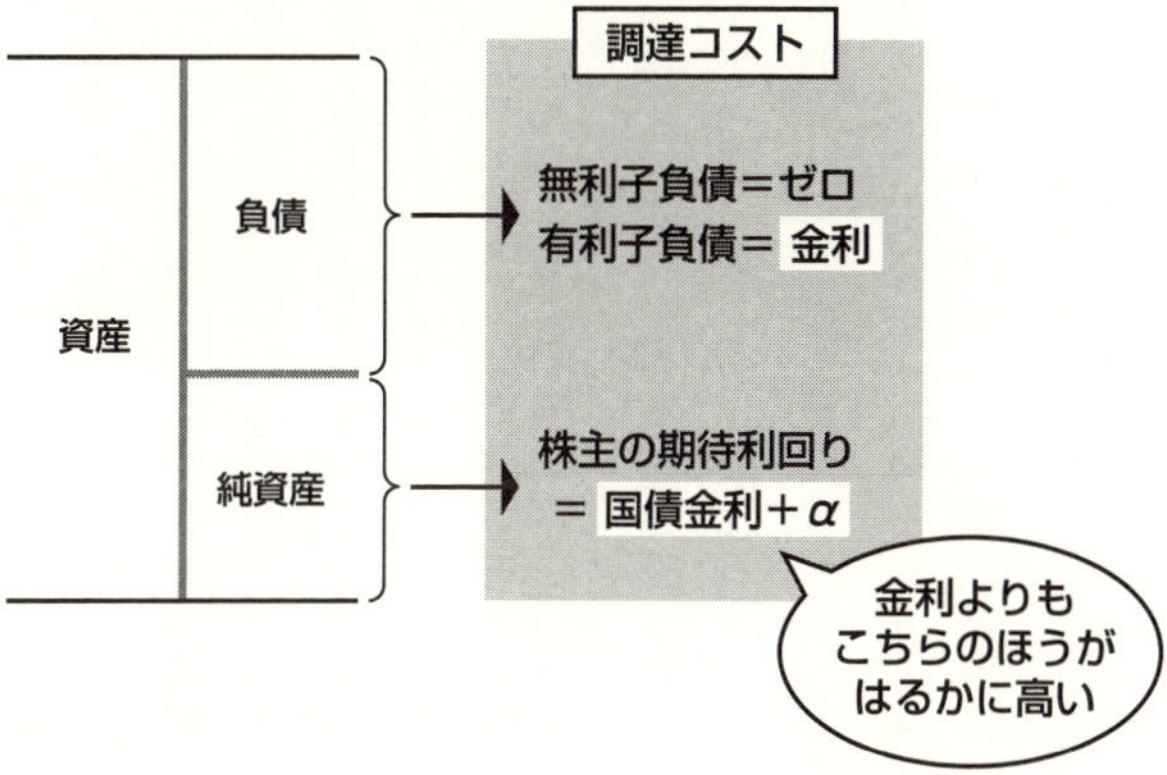

クのある会社に預けておく必要はありません。自分で国債を買って運用すればいいわけですからね。特に、機関投資家はそうです（現実には国債にもリスクはありますが、ファイナンスの理論上はリスクがない安全な資産と仮定されています）。

では、なぜ、株主が会社に出資をするかというと、リスクは国債よりも高いけれども、その分、国債より高い利回りが期待できるからです。そのインセンティブが「＋α」の利回りであるわけです。これを**「リスクプレミアム」**と言います。

この「＋α」は、企業によってさまざまです。その会社の株式の変動率（少し難しい言葉で「ボラティリティ」という。別に覚えなくてもいいです）などにもよりますが、数％から10％以上まであります。純資産の調達コストは、優良企業でも最低5%はかかっていると考えていいでしょう。

そしてここが重要なのですが、**負債の調達コストよりも、純資産の調達コストのほうがはるかに高い**のです。なぜなら、有利子負債の調達コストは、上場企業なら、高くても2%程度です。優良企業なら1%以下です。それも、先に説明したように、負債には有利子負債と無利子負債がありますから、負債全体の調達コストは、それらの加重平均（123ページのコラム参照）となり、さらに下がるということになるからです。

ちなみに、純資産の調達コストは、正確には「CAPM（Capital Asset Pricing Modelの略。キャップ・エムと呼ばれる）」という定義に従って計算されます。

基本的には、「国債金利＋α」で計算しますが、その詳しい計算式に興味がありましたら、次のコラムを読んでください。少し専門的になりますので、「国債金利＋α」ということが理解できていれば、このコラムは読み飛ばしていただいてもけっこうです。

【コラム】純資産の調達コストの計算式(CAPM)

純資産の調達コストは、「Rf＋β（Rm－Rf）」という式で計算します。この場合、Rfは国債金利です。β（ベータ）は、当該会社の株式が、市場の動きに対してどれくらい反応するのか（例えば、株式市場全体が1％動くときに、当該会社の株式が2％変動するのであれば、βは2ということになります）。

一方、（Rm－Rf）のRmは株式市場全体の利回りです。そこからRf（国債金利）を引いているのは、株式市場全体の利回りが国債金利よりもどれくらい高いかということを表しています。短期的には必ずしもそうとは言えませんが、リスクのある株式市場に投資する場合には、長期的には安全資産である国債よりも、高い利回りでないと、投資家は株式市場に投資しませんね。さらに、これにβをかけたものが当該企業のリスクプレミアム、つまり先に説明した「国債金利＋α」の「α」部分と考えられているのです（さらに詳しい説明が必要な方は、ファイナンスの専門書をお読みください）。

◆「WACC」――企業は調達コストを上回る利益を出さなければならない

企業はどのくらいのROAを目指せばいいのか、これを測るのが**「WACC（加重平均資本コスト）」**という概念です。「Weighted Average of Cost of Capital」の略で、「ワック」と呼ばれています。

WACCとは、ひと言でいうと負債と純資産全体の調達コストのこと。より正確に言うと、負債の調達コスト（X％）と純資産の調達コスト（Y％）を加重平均したものがWACCです。「Z％」というように、単位は％で表します。

負債の調達コストは、有利子負債の金利でしたね（計算上は、有利子負債と無利子負債を加重平均したものとなります）。純資産の調達コストは、今ここで説明した「株主の期待利回り（国債金利＋α）」です。「加重平均」の説明は、少し長くなりますので、123ページのコラムを参照してください。

大切なのは、**WACCとは「資産をまかなうための資金（負債と純資産）を調達するとき**

にかかるコストが何％あるか」を示したものだということです。

先ほども説明しましたが、負債の調達コスト（Ｘ％）よりも、純資産の調達コスト（Ｙ％）のほうが高くなります。そのため、自己資本比率が高くなりますと（つまり純資産の割合が大きくなると）、会社のＷＡＣＣも高くなるわけです。

では、ＷＡＣＣが高くなると、会社はどうなるのでしょうか？

ＷＡＣＣは、資産をまかなうための資金の調達コストですから、その資産を使って得るべき利益率も、それに応じて高くなってしまいます。**「ＷＡＣＣが高い＝高いリターンを期待される」**というわけです。

ここで思い出してください。資産に対する利益率は「ＲＯＡ（利益÷資産）」でしたね。このＲＯＡは、ＷＡＣＣより高くならなければならないのです。資産をまかなうための資金の調達コストよりも、高い利益率を出さなければならないからです。

ちなみに、この場合のＲＯＡは、「営業利益÷資産」で計算してください。負債の調達コストは金利ですから、ＷＡＣＣと比較する際には、金利を支払う前の利益「営業利益」と比

◆図2-9　ROAとWACC

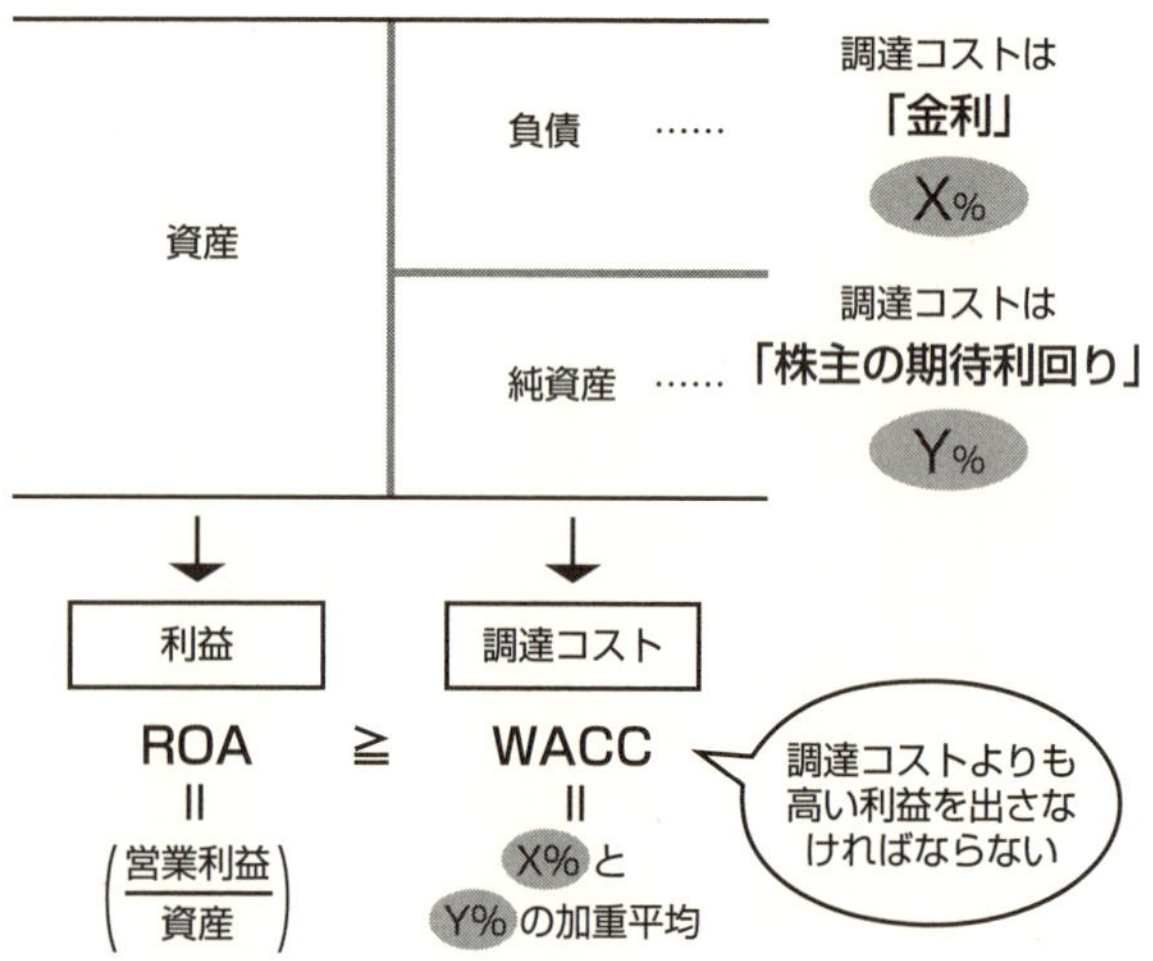

べないといけないからです。

まとめますと、次のようになります。

ROA（営業利益ベース）≧WACC

この条件を満たさなければ、株主は会社の事業を評価しない、よって株価も低迷する可能性が高いというわけです。

この点を考えますと、**会社（特に上場している会社）**にとっては、**自己資本比率をある一定以下に抑えたい（純資産の割合を抑えたい）というインセンティブが出てきます。**繰り返しますが、一般的には純資産の調達コストのほうが負債の調達コストよりも高いため、自己資本比率が高くなると、WACCが上昇し、その分、期待される利益も大きくなりますからね。

こうして自己資本比率を抑えますと、実は、ROEを高めることにもつながるのです。復習になりますが、ROEは、「ROA×財務レバレッジ」で計算されました。財務レバレッジとは、自己資本比率の逆数ですから、自己資本比率を下げるほど、ROEは高くなるのです。

【コラム】「加重平均」とは？

WACCの説明のところで、「加重平均」という言葉が出てきました。加重平均とは何でしょうか？　「平均」とは何が違うのでしょうか？　ご存じの方も多いと思いますが、加重平均とは、いくつかの数値があるとき、それぞれのウェイト（重み）を加味して計算した平均値のことです。

例えば、ある学校でAクラスとBクラスという二つのクラスがあったとします。Aクラスは20人いて、テストの平均点は80点でした。Bクラスは30人いて、同じテストの平均点は60点でした。では、全体の平均点は何点でしょうか。

このとき、単純に（80点＋60点）÷2＝70点と計算するのは間違いですよね。

正しくは、それぞれのクラスの人数を考慮して次のように計算します。

$$\frac{80点 \times 20人 + 60点 \times 30人}{20人 + 30人} = 68点$$

したがって、全体の平均点は68点となりますね。

加重平均の考え方は、これと同じです。一般的な式に直すと、次のようになります。

加重平均の式

変量：x_1, x_2, x_3 ……に対する

重み（加重）：w_1, w_2, w_3 ……とすると

$$加重平均 = \frac{x_1w_1 + x_2w_2 + x_3w_3 + \cdots\cdots}{w_1 + w_2 + w_3 + \cdots\cdots}$$

ＷＡＣＣもこれと同様です。例えば、負債合計が１５００億円、負債の調達コストを２％。純資産合計が１０００億円、純資産の調達コストが８％だとします。この場合、資産全体における負債の割合は０・６。純資産の割合は０・４となります。すると、次のような式からＷＡＣＣが求められます。

$$WACC = 0.6 \times 2\% + 0.4 \times 8\% = 4.4\%$$

こうして、ＷＡＣＣは４・４％と算出されます。

なぜ、伊藤レポートでは「ROE8%以上」を目標に定めているのか?

先ほども触れましたが、伊藤レポートには「最低ラインとしてROE8%以上を目指すべき」といったことが書いてあります。企業も当面の目標として、ROE8~10%をターゲットとしているところが多いです。

では、この「8%以上」という数字は何が根拠となっているのでしょうか。前の項目で、「会社はWACCを超えるROAが求められている」と説明しました。流れとしては、これと同じです。

WACCは、負債と純資産両方の調達コストを加重平均したものでした。つまり、資産全体における調達コストが何%あるかを示したものだということです。また、ROAは、総資産がどれだけの利益を生んでいるかを示す指標でした。両方とも、ベースは総資産になっているというわけです。

一方、ROEは、自己資本がどれだけの純利益を生んでいるかを見るための指標です。ですから、純資産（≒自己資本）の調達コストである「株主の期待利回り（国債金利＋α）」とＲＯＥを比較するわけです。株主は会社に対して、「株主の期待利回り（国債金利＋α）」を超えるリターン（ＲＯＥ）を求めているわけですから、次のような式にまとめることができます。

ＲＯＥ≧株主の期待利回り（国債金利＋α）

株主の期待利回りの平均は、日本では７％程度です。つまり、ＲＯＥを８％以上にすれば、調達コストを超えていると言えるのです。これが「目標ＲＯＥ８％以上」の根拠になります。

ただし、先ほども説明したように、「国債金利＋α」の「α」は個々の企業によって違う（１１９ページの「コラム」で説明した「β」値が違うため）ので、個別企業では７％とは言えないのです。そうした点において、一律に「８％」のＲＯＥを求めるのは少し短絡的とも言えます。

◆◆◆◆◆ トヨタは十分資金を持っているのに、なぜ借金をするのか？

ＷＡＣＣに関連して、一つの興味深い事例をご紹介したいと思います。ここで注目するのはトヨタ自動車です。多くの人は、トヨタが「無借金経営」だと思っているかもしれませんが、実際はどうでしょうか。

トヨタの平成26年3月期の貸借対照表を見ますと、負債の部には合計で16兆３２７３億９３００万円もの有利子負債が計上されています。総資産は41兆４３７４億７３００万円ですから、有利子負債の割合はかなり高いと言えます。

一方、資産の部を見ますと、現預金、有価証券、金融債権、投資有価証券、長期金融債権などが合計で約25兆円ありますが、それでも意外と多く有利子負債を持っているのです。

これは、トヨタが世界中で事業を拡大しており、資金需要が旺盛ということもあるでしょうが、私は、本当の理由は別にあるのではないかと考えています。それが、先ほども説明した「ＷＡＣＣ」の問題です。

◆図2-10　トヨタがあえて有利子負債を増やす理由

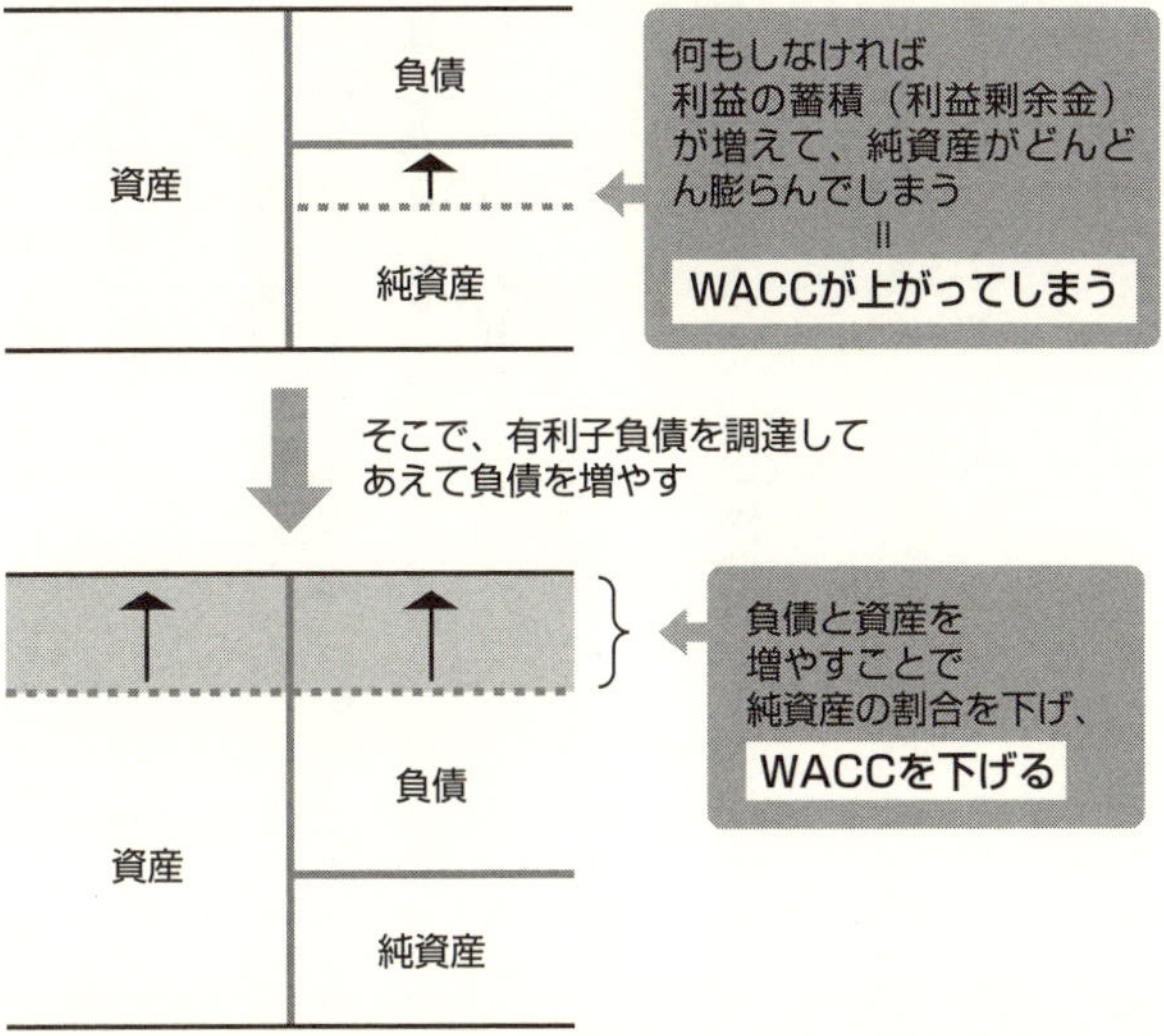
負債
資産
純資産
何もしなければ
利益の蓄積（利益剰余金）
が増えて、純資産がどんど
ん膨らんでしまう
＝
WACCが上がってしまう
そこで、有利子負債を調達して
あえて負債を増やす
負債
資産
純資産
負債と資産を
増やすことで
純資産の割合を下げ、
WACCを下げる

トヨタは、年間約２兆円もの純利益を稼ぎ出しますから、何もしなければ利益剰余金が貯まっていき、純資産がどんどん増えてしまいます。

純資産の調達コストは負債よりはるかに高いことは説明しましたが、純資産が増えれば、ＷＡＣＣもどんどん上がり、期待される利益の水準が高くなってしまうのです。当然、その期待に応えられなければ、株価が落ち込む恐れがあります。

そこで、**トヨタはあえて有利子負債を調達して、貸借対照表の両サイド（資産の部と負債の部）を膨らませることで、純資産の割合（＝自己資本比**

率）を抑え、ＷＡＣＣを下げているのではないでしょうか（前ページの図参照）。

超優良企業ゆえの悩みと言えるでしょう。ちなみに、トヨタの自己資本比率は一貫して30％台半ばをキープしています。

さらに自己資本比率を下げれば（＝財務レバレッジを高めれば）、ＲＯＥも高まります。トヨタは２０１４年６月期の株主総会で、過去最高となる配当金１６５円（１株あたり）を決めましたが、これは、もちろん、好業績であるからなのは間違いありませんが、ＷＡＣＣとＲＯＥを考えた部分もあったでしょう。配当して純資産の割合を下げれば、ＷＡＣＣが下がり、さらには自己資本比率も下がることで、ＲＯＥを高めることができますからね。

◆◆◆◆◆ 花王がカネボウを買収したのは、ＲＯＥとＲＯＡを高めるためだった？

２００６年、花王は、産業再生機構下で再建中だったカネボウ化粧品を４１００億円で買収しました。この買収も、ＷＡＣＣとＲＯＡ、ＲＯＥを考えたのではないかと思います。

花王は、もともと自己資本比率が非常に高い会社です。すると、先ほどの説明のようにＷ

ACCが高くなってしまいます。したがって、それに伴って高いROAを稼ぎ出さなければ、株主が評価せず、結果的に株価が落ち込む恐れがあるのです。

花王はその点を考えて、カネボウ化粧品を買収したのではないでしょうか。この買収にかかったおカネは、ほとんどが借入金でした。当時の花王の貸借対照表を見ますと、同社の借入金は、買収する直前の２００５年には合計で約２００億円しかありませんでしたが、買収が行われた２００６年には約４０００億円にまで膨らんでいます。

つまり、借入金を増やすことにより、金利負担は増えますが、純資産の割合を下げる（自己資本比率を下げる）ことで、資金の調達コスト（ＷＡＣＣ）を下げたのです。

さらに、資産は、買収価格のかなりの部分が「のれん」となり一時的には増えますが、その後「のれん」は償却されていくため、縮小していきます。資産が縮小すれば、ＲＯＡは上がります。「のれん」とは、Ｍ＆Ａの際に、買収価格が、被買収企業（この場合はカネボウ化粧品）の純資産を超える額を言います。会計的には、企業の価値は「純資産」ですが、その価格で必ずしも買収をできるわけではなく、それを超えた額が「のれん」となるのです。日本の会計基準では、「のれん」は最長20年で償却することとなっています。

また、カネボウ化粧品は、産業再生機構の管理下にあった混乱期でも安定して収益を上げていましたから、花王の傘下に入れば、さらに安定的に収益を生むと考えられていました。こうして収益が上がれば、ＲＯＡは長期的に高まります。その延長線上で、ＲＯＥも上がります。

以上のことから、ＷＡＣＣが下がる上に、ＲＯＡとＲＯＥが上がるという非常にベストなシナリオが描けるというわけです。しかし、残念ながら、花王の思惑通りには、カネボウ化粧品は収益を上げませんでした。ただし、花王全体は、堅調に収益を上げていますので、再び高い自己資本比率に戻りつつあり、ＷＡＣＣの問題が生じます。トヨタ同様、高収益企業ゆえの悩みということですね。

◆花王のカネボウ買収のもう一つの目的は「買収防衛」

花王が買収した理由はこれだけではありませんでした。おそらく、「買収防衛」も考えていたのではないかと思います。

ポイントは、二つあります。一つは、先ほど説明したように、利益やＲＯＡが上昇すれば、株価が上がります。すると、「時価総額（株価×株数）」が上がりますから、敵対的買収者などが買収を仕掛けにくくなるのです。

さらには、カネボウ化粧品を傘下に入れて企業規模を拡大させれば、時価総額を大きくできる可能性があります。

１９９８年の外為法改正などにより、海外資本が、国益を害しない限り、日本企業の買収を自由に行えるようになりました。さらに、２００７年には「株式交換によるＭ＆Ａ」が認められるなど、日本企業は買収の自由度が高まるとともに、買収されるリスクも高まりました。

例えば、花王によるカネボウ買収の当時は、花王のライバル企業であるＰ＆Ｇの時価総額は、花王の10倍もありました。Ｐ＆Ｇが花王の株主に対して、自社株と花王株の交換を申し入れる可能性もあります、Ｐ＆Ｇだけでなく、ユニリーバやロレアルなども、日本市場でのプレゼンスの拡大を狙っていることと思います。

そこで、花王にはどんな防衛策ができるかというと、自社の時価総額をできる限り高めておくということです。この点を考えますと、花王のカネボウ化粧品買収には、買収防衛策としての意味合いも強くあったのではないかと思います。

近年、成長戦略とともに、敵対的買収を避けるという理由からも、経営統合をするケースを見かけるようになりました。時価総額を大きくすることは、確かに企業防衛上は有効な策になりますが、ビジネスの本質は、あくまでも「お客さまに良い商品やサービスを提供して利益を高める」ことです。それによって、株価が上がり、時価総額が増加するのが望ましいのは言うまでもありません。

自社の都合で買収防衛目的のために策を弄しても、それがお客さまのためになり、市場に評価されなければ、結局うまくいくことはありません。この点に注意することが肝要です。

◆◆◆◆◆ ROEを軽視してはいけない。でも振り回されてもいけない

米国では、日本より前からROEを重視した経営が行われています。ただ、米国の一部の企業では、ROEを追求し過ぎて、過度なリストラや自社株買いを行うことも見受けられま

す。日本では、今のところそういった企業はあまり見かけませんが、同じことが起こらないことを願います。

ピーター・ドラッカーは、「会社の一義的な存在意義とは、良い商品やサービスを提供して、社会に対する独自の貢献をすることだ」と言っています。商品やサービスなしでは、会社は存在し得ないのです。

また、ドラッカーはこのようにも言っています。「社会は人の幸せのために人がつくりだしたものだ」と。昔、世界が農業を中心として伸びていた時代は、人にとって「家」や「地域」が社会そのものだったわけです。ところが、今は、ほとんどすべての人にとって、最も社会と関わっている場所が「所属している組織」です。会社員であれば会社、公務員であれば役所です。

その組織が、従業員を幸せにしていないのであれば、社会との関係で自己矛盾が生じるということです。

したがって、**経営者は次の二つのことを考えなければなりません。一つは、会社は良い商品やサービスを提供することで、お客さまに喜んでもらい、社会に貢献しているかということ**

と。二つめは、会社で働く従業員たちを幸せにしているかということです。

ところが、ROE経営が行き過ぎてしまうと、これら二つの点を軽視してしまう恐れがあるのです。短期的な利益をあまりに追求してしまいますと、商品やサービスの質が極端に落ちて、結果的にお客さまを軽視するような風潮にならないとも限りません。お客さまをもっと大切にして、利益を上げようということであれば問題ありませんが、利益が最優先になってしまいますと、本末転倒になってしまうのです。「日本版スチュワードシップ・コード」でも、投資家は企業の「持続的成長」のために、企業と「対話する」ことが求められているのです。

また、過度なリストラを行えば、会社をクビになったり、給料が下がったりするわけですから、会社で働く人たちは幸せになれません。

あまりにも最終的な利益を短期的に追求しすぎると、本来あるべき経営が無視されてしまう可能性があるのです。ですから、ROEを高めることは悪いことではありませんが、本来、経営とはどういうものであるべきかということを考えないと、会社も社会も幸せにはなれないのです。一時的に、株主は幸せになるかもしれませんが、社会貢献できない会社はいずれ立ち行かなくなりますから、結局、長期的に株式を保有する株主も幸せになれません。

とはいえ、ROEを軽視していいと言っているわけではありません。これは多くの日本企業に言えることですが、キャッシュをたくさん持っているにもかかわらず、有効活用せずに貯め込むのもよくありません。それは、社会から預かっている資源が有効に活用されていないということになります。

資源を有効活用することと、効率的な経営をすることと、安全性を考えること。会社を経営するときは、このバランスが非常に大切なのです。

そして、そのバランスをとっていく上で重要な指針となるのが、次の章で詳しく紹介するさまざまな経営指標なのです。

本書の読者の皆さんは、**指標に振り回されないためにも、それぞれの指標が意味するものをしっかりと理解し、さらには経営の本質を忘れないでほしい**と思います。

第3章

財務諸表で「企業の実力」を分析する方法

——経営のプロは「ここ」を必ずチェックする!

第1章で貸借対照表と損益計算書の基本を、第2章ではROEとROAの説明をしてきました。

第3章では、日頃、私が経営コンサルタントとして企業分析をするときにチェックしている「経営指標」や「財務諸表の勘定科目」を紹介していきます。

財務諸表を開くと、「たくさんの勘定科目と数字が並んでいるから、何を見ていいのかよく分からない」と思われるかもしれませんが、ポイントさえ押さえてしまえば、さほど難しいものではありません。肩の力を抜いて読み進めてみてください。

ただ、第3章は少し長い道のりになりますので、解説を始める前に、本書で触れる経営指標をまとめておきました（左ページの図参照）。繰り返しになりますが、基本的には、それぞれの財務諸表から主に次のようなものを読み取っていきます。

- **貸借対照表から「安全性」**
- **損益計算書から「収益性」**
- **キャッシュフロー計算書から「将来性」**

◆図3-1　第３章で紹介する主な「経営指標」

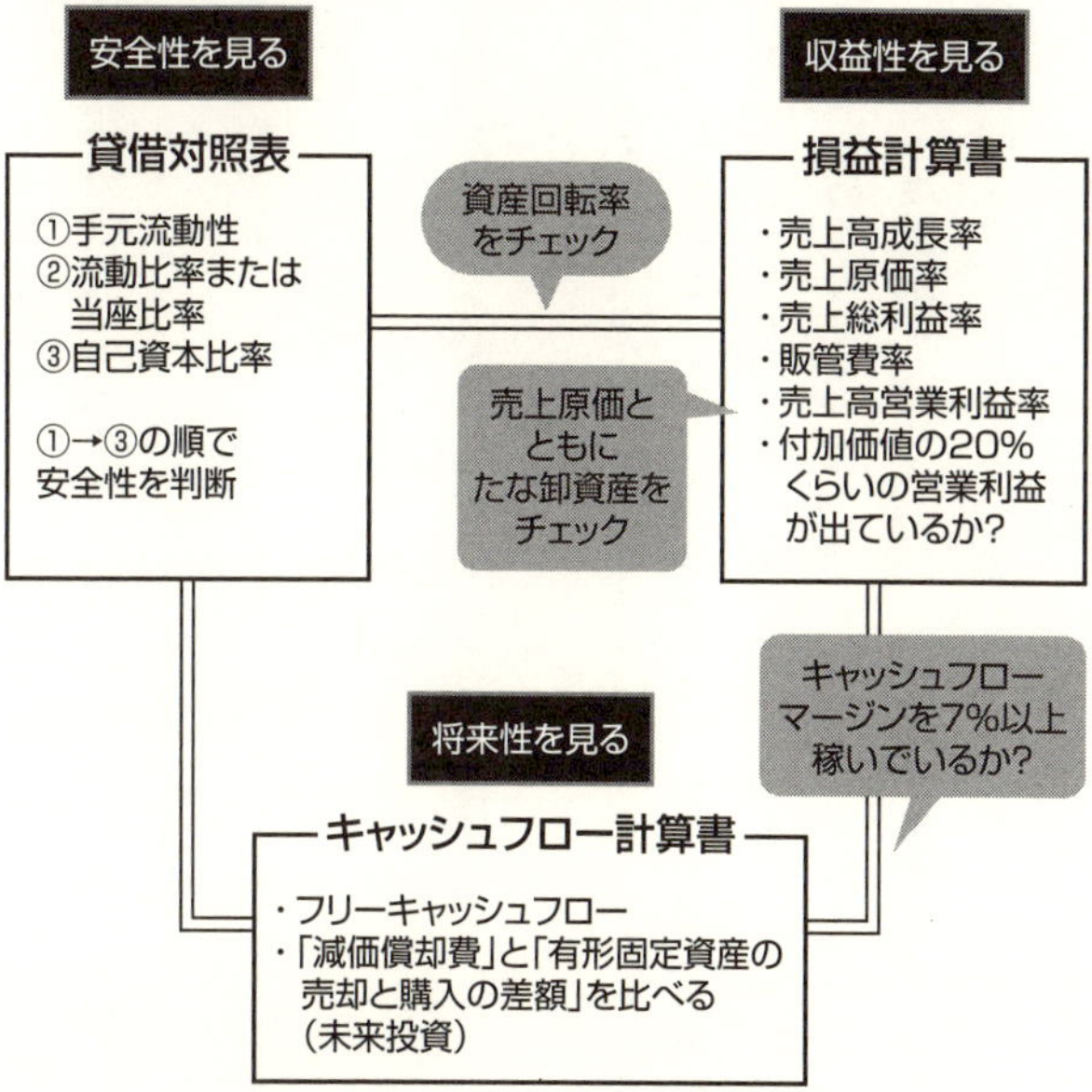

ざっくりとこのような形で見ていきますが、厳密には、二つの財務諸表を組み合わせて見る指標もあることに注意してください。

例えば、貸借対照表と損益計算書を組み合わせて「資産回転率（＝売上高÷資産、資産の有効活用度合いを見る）」を計算するなどです。

それでは、詳しい分析方法の説明に入りましょう。

◆◆◆◆◆◆ 財務分析は「安全性→収益性→将来性」の順に見ていく

会社の財務諸表を分析するとき、何から見ていけばいいのでしょうか。じつは、はっきりとした優先順位があります。

①安全性　→　②収益性　→　③将来性

順番を誤ると、その会社の重大な問題点を見落とす恐れがあります。例えば、そこそこ順調に収益を稼いでいるのに、安全性に大きな問題がある会社があったとしましょう。収益性から見ていきますと、一見、問題のないように見えていても、倒産の危険性を見落としてしまうことがあるのです。

つまり、**最優先すべきなのは、「短期的に倒産する懸念がないかどうか」**を見ることです。どんなに収益性が高くても、すぐに返済しなければならない有利子負債が膨らんでいるなど資金繰りに窮《きゅう》していて、倒産の危機に瀕しているならば、どうすることもできません。

倒産すれば、当たり前ですが、会社そのものがなくなります。株式、融資、債権もすべて価値を失います。雇用も維持できなくなります。つまり、経営者はもとより、株式を買っている投資家、お金を貸している銀行、取引している仕入れ先、働いている従業員など、会社の利害関係者すべてにとって、倒産はとてつもなく大きな影響があるのです。ですから、会社の安全性を見抜くことが、財務諸表を分析する上で最も優先されるべきことだと言えます。

安全性を貸借対照表からチェックして、「当面、倒産する懸念はないだろう」と分かったら、次に損益計算書から収益性を見ます。つまり、十分な利益を稼ぎ出しているかどうかを調べるのです。売上高や利益を上げていなければ、確実にじり貧になっていきますから、結果的に安全性にも影響を及ぼしていきます。

安全性、収益性ともに問題がないことが分かれば、最後にキャッシュフロー計算書から将来性を読み取ります。今の安全性や収益性を維持できるのか。そして、発展させていけるのか。その点を見極めるのです。

【①「安全性」を分析するときのチェックポイント】

それでは、最初に会社の「安全性」を調べる方法から解説していきましょう。チェックするのは貸借対照表です。その基本的な構造については、第1章で詳しくお話ししましたね。復習のために、ポイントをまとめた図を左のページに載せておきます。分からないところがあったら、こちらを見返してみてください。ここでは第1章と同じように、花王の貸借対照表（平成26年12月期決算、56～57ページ）を例にとりながら説明していきます。

❖❖❖❖❖ 中長期的な安全性を見るための指標「自己資本比率」

第1章の47ページで、会社の中長期的な安全性を示す**「自己資本比率」**の説明をしました。ROEとROAの話をするために必要でしたから先に解説をしましたが、自己資本比率は安全性を調べる上で重要な指標になりますので、必ず計算するようにしてください。

◆図3-2　貸借対照表の構成と重要ポイント

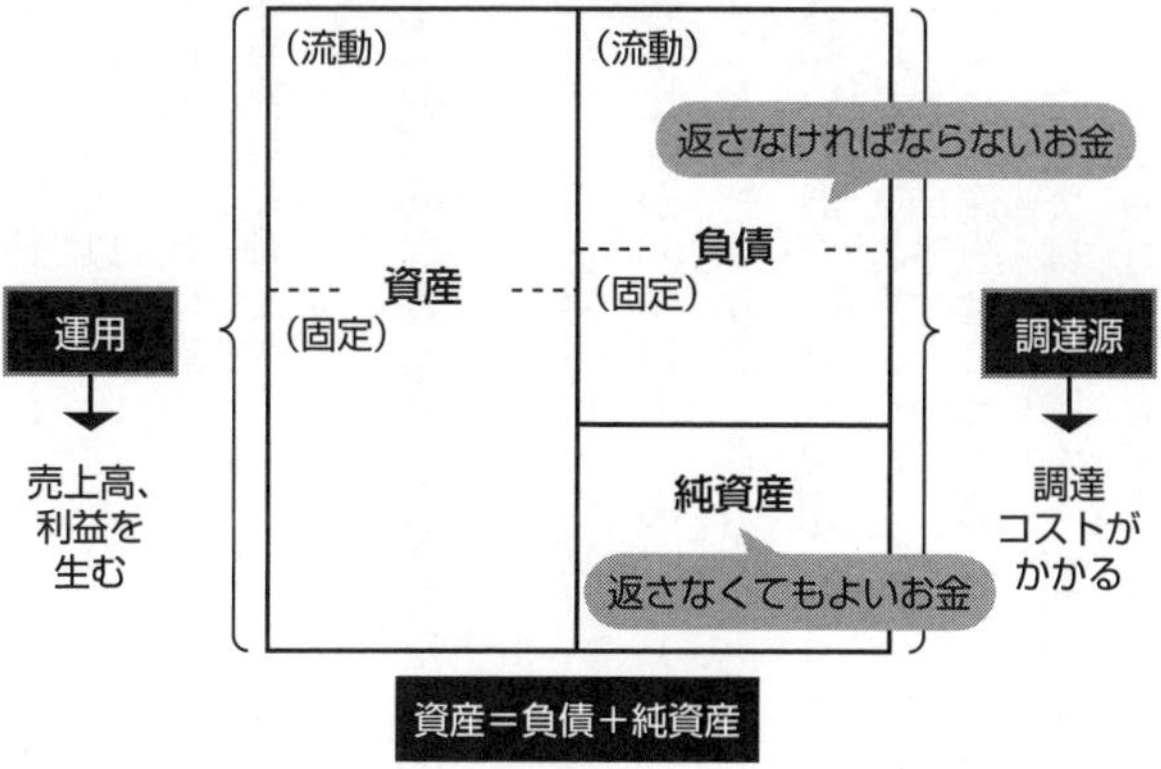

簡単に復習をしましょう。自己資本比率は、次の式で求められます。

自己資本比率＝純資産÷資産

資産をまかなっているお金のうち、返す必要のない純資産の比率を表したもので、会社の中長期的な安全性、継続して事業や会社を続けられるかどうかを示します（第１章では純資産の一部をなす「自己資本」を分子にした計算式で説明しましたが、そこでも述べたように、安全性という観点だけを見た場合には、純資産を分子で使うことに問題はないと考えます。そのほうが計算も容易ですし、多くの会社の場合、大きな差はありません）。

一般的には、製造業のように工場や建物などの固定資産を多く使う会社ですと20％以上、商社や卸売業のように在庫などの流動資産を多く使う会社は15％以上あれば安全です。そして、金融は例外として、それ以外のどんな業種でも10％以上なければ過小資本になります（金融業は、もともと潤沢に現金を持っている上、利益率も高い業種ですから、10％を切っていても資金繰りは回ります）。

◆◆◆◆◆◆短期的な安全性を見るための指標①「流動比率」

ただし、自己資本比率が高ければ会社が潰れないというわけではないのです。例えば、自己資本比率が60％以上もあったとしても、3カ月程度で潰れてしまう会社もあります。どういうことでしょうか。返済期限の近い流動負債をたくさん抱えているにもかかわらず、すぐに支払いにあてられる現預金や有価証券などの資産が少ない場合は、支払いができなくなってしまうからです（また、これは貸借対照表からは分かりませんが、スカイマークの例のように多額の違約金などが急に発生したような場合にも倒産のリスクが一気に高まります。そういった点では、日頃から新聞記事などに目を光らせておくことも大切です。詳しくは、172ページのコラムを参照してください）。

先ほど、自己資本比率は「中長期的な」安全性を示す指標だと説明しましたが、正確には、「短期的な安全性がクリアされている場合は、中長期的な安全性が保たれる」ということなのです。ですから、本来はまず短期的な安全性を調べるための指標から見るべきなのです。

では、短期的な安全性はどのように調べればいいのでしょうか。基本的には、短期的な負債の返済能力を調べます。具体的には、いくつかの指標を計算するのです。

一つめの指標は、**「流動比率」**です。

流動比率＝流動資産÷流動負債

会社は負債が返済できなくなったときに潰れると、繰り返し説明しましたね。正確には、**「流動負債が返済できなくなったとき」に潰れる**のです。そこで、流動負債に対する流動資産の比率を計算することで、短期的な安全性を調べます。

実際に計算してみましょう。花王の場合は、流動資産6417億3400万円÷流動負債3805億3600万円＝168・6％となります。一般的には**120％以上あれば安全**だと判断されますので、花王はかなり高い水準だと言えます。まったく問題ありません。

◆◆◆◆◆ 短期的な安全性を見るための指標②「当座比率」

流動比率と同じように、短期的な安全性を調べるための指標として**「当座比率」**があります。流動比率をより厳しめに見る指標です。次の式で計算されます。

当座比率＝当座資産÷流動負債

「当座資産」とは何でしょうか。**流動資産の中でも、より現金化しやすい資産のこと**を指します。具体的には、流動資産の項目の中で、「現金及び預金」「受取手形及び売掛金」「有価証券」などが含まれます。正確には、これらの合計から「貸倒引当金」を差し引いたものです。貸倒引当金とは、受取手形及び売掛金のうち、回収できない可能性が高いものです。

この当座資産を流動負債で割ったものが「当座比率」です。この指標は、一般的に**90％以上あれば安全**だと考えられています。早速、花王の当座比率を計算してみましょう。

（現金及び預金１０７４億１２００万円＋受取手形及び売掛金２０４０億６０００万円＋有価証券１１０６億３９００万円－貸倒引当金16億４８００万円）÷流動負債３８０５億３６００万円＝１１０・５％

右の計算式から求めますと、１１０・５％となります。安全基準90％をゆうに超えていますので、十分安全だと言えますね。

流動比率が低くてもＪＲ東海が潰れない理由

ただし、流動比率や当座比率も、自己資本比率と同じように、業種によって水準が異なります。８割方の会社については先ほどの基準が当てはまりますが、逆に言えば、残り２割の会社については当てはまらないのです。

例えば流動比率が低くても、十分に回っていく会社が存在します。ガス会社や鉄道会社、電力会社などです。

具体例を見てみましょう。JR東海（東海旅客鉄道）の貸借対照表（平成26年3月期決算）から流動比率を計算すると、44・1％です。120％以上という安全基準から見ると、3分の1程度しかありませんね。企業分析の初心者がこの数字を見ると、「すぐに潰れてしまうのではないか」と考えてしまいますが、JR東海は潰れることはありません。その理由は、①日銭が入ってくる、②売掛金が少ない、③業績が安定しているといった条件を満たしているからです。

それに加え、もともと鉄道会社は、流動比率が小さくなる傾向があります。なぜかと言いますと、一つは、鉄道会社はたな卸資産（在庫）がほとんどありませんから、どうしても流動資産が小さくなるからです。例えば、鉄道を動かすための電力は貯めることができませんから、在庫や原材料などのたな卸資産には含まれません。

また、ツケで電車に乗る人はほとんどいませんから、「受取手形及び売掛金」（流動資産に入るもの）も少ないのです。さらには、定期券やICカードは先払いですから「前受金」（流動負債に入るもの）もけっこう多いのです。

二つめの理由は、鉄道事業というのは、土地や建物、線路、電車などの固定資産を多く要する業種だということです。そのため、余剰資金があると固定資産の購入に回されますから、流動資産の割合がさらに小さくなってしまうのです。

三つめの理由は、消耗品の購入などで、買掛金や短期借入金などは一般的な会社と同じように発生しますから、流動負債はそれほど小さくないということです。つまり、流動資産が流動負債に比べて小さくなりやすい傾向があるために、流動比率が極端に小さくなってしまうのです。それでも、鉄道会社は安定的に日銭が入ってきますから、短期的な安全性には問題はありません。

小売業のように「日銭」が入る業種では、鉄道会社ほどではありませんが、おおむね70％くらいの流動比率があれば、問題ない場合が多いのです。皆さんも、自社や自社が所属する業界の標準を調べてみてください。かなり業種によりばらつきがあるものです。

指標を見るときには、定義を理解し、一般的な標準の数値を知り、そして、自社や業界の数値を確認することが大切です。さらには、ここで挙げたような標準とは大きく数値が違う業界なども分析すると、理解がより深まります。

◆◆◆◆◆◆ 流動比率が高くても苦しい医療と介護業界

逆に流動比率が高くても苦しい業種もあります。代表的なものは医療や介護業界です。病院で診察を受けたとき、お金を払いますが、全額は払っていませんよね。通常は3割負担で、残りの7割は国から支払われています。

この残りの7割がいつ支払われるかというと、1カ月半〜2カ月先なのです。つまり病院からすると、「3割はその場ですぐ払ってもらえるが、残りの7割は国にツケ（売掛金）」ということになります。7割のお金が入ってこない間も、病院を運営していく上ではコストがかかりますから、商売として見た場合、資金繰りがなかなか大変な業種だと言えます。特に売上が増加している状況では売掛金が膨らみます。

資金繰りの面で病院よりもさらに大変なのが介護事業者です。

公的な保険で介護サービスを受けた場合、自己負担は1割しかありません。介護事業者は残りの9割を自治体などから回収するわけですが、回収まで1カ月半〜2カ月半もかかってしまうのです。こちらは、特に伸びている業界ですから、表面的な利益が出ていても、資金繰りはそれほど楽ではない業者も少なくないのです。

ですので、通常の流動比率では資金繰りは楽ではありません。では流動比率を高めるにはどうすればいいか。まず、流動負債を固定負債にできるだけシフトすることです。そして、一番安全なのは株式で資金調達し、負債を減らすことです。ニチイ学館やセントケアといった大手在宅介護会社が上場しているのはこのためです。

株式で資金調達すると、純資産が増え、自己資本比率が高まります。逆に言えば、介護事業者のような流動比率が高くないとやっていけない会社は、自己資本比率も高くしておかないといけない、ということです。

一方、先に見た鉄道会社のように、日銭が入ってきて業績が安定している業種の場合には、自己資本比率が比較的低くてもやっていけるということです。流動比率と自己資本比率にも関係があることが分かりますね（ちなみに、東京電力のように、通常だったら自己資本比率が低くても問題がなかった企業でも、業績が不安定になれば、やはり自己資本比率が低いのは致命傷になりかねません。業績が長期的に安定していることが、低い自己資本比率でもやっていける大前提なのです）。

◆◆◆◆◆ 会社の危機時に最初に見るべき指標「手元流動性」

資金繰りに困り、倒産の危機が目の前に迫っている会社があるとします。この会社を分析するとき、**私が真っ先に見るのは「手元流動性」という指標**です。これは、流動比率や当座比率よりもさらに短期的なスパンで資金繰りを続けられるかどうかを調べるためのものです。

繰り返しになりますが、会社は流動負債を返せなくなったときに潰れます。たとえ債務超過（純資産がマイナスになってしまうこと）に陥っても、支払いに必要なお金さえあれば潰れないのです。また、負債の返済でなくとも、従業員への給与が支払えないなどの状況でも、事業継続のリスクはとても高まります。

いずれにしてもそういう状況では、すぐに使えるお金がどれだけあるかを示す指標「手元流動性」を計算します。手元流動性は、次の式で求めます。

手元流動性＝（現預金＋有価証券などのすぐに現金化できる資産＋すぐに調達できる資金）
÷月商

ただし、現預金と有価証券（主に流動資産に属するもの）は貸借対照表に載っていますが、借り入れなどによって「すぐに調達できる資金」は貸借対照表で調べることができません。また、資金繰りがしんどい会社の場合には、すぐに借りられる資金がない場合も少なくありません。ですから、自社や内部資料を入手できる会社の手元流動性を計算するときには、先の式で考えればよいのですが、一般的に、他社などの手元流動性を求める場合は、私は次の式を使うようにしています。

手元流動性＝（現預金＋流動資産の有価証券）÷月商

この手法が、もっとも実務的で確実です。

手元流動性の安全基準は、大企業の場合は1カ月分。ＪＡＳＤＡＱ上場、東証2部上場くらいの中規模企業だと1・2〜1・5カ月分。中小企業の場合は1・7カ月分ほどあるかどうかを見てください。

企業規模が小さいほど、手元流動性が多く必要なのは、資金を調達できるスピードが遅い

からです。一部上場企業であれば取引銀行などに頼めば何十億円、場合によっては100億円単位の資金を即日調達できることもあります。一方、中小企業の場合は、少ない資金であっても1、2週間かかってしまうこともあるのです。

ちなみに、金融危機がやってきたときなどは、借金をしてでも、この基準よりさらに手元流動性を上げておくべきです。会社が危機に陥ったとき、短期的に本当に頼りになるのは「自社でコントロールできる資金」だけだからです。私もセミナーなどでは、金融の状況が不安なときには「手元流動性を高めておくように」というアドバイスをします。しつこいですが、会社は返済や支払いにあてるお金がなくなったときに潰れるのですからね。

◆◆◆◆◆◆ 会社に一番お金がないのはいつか？

では、花王の手元流動性を計算してみましょう。1年間の売上高は1兆4017億7000万円ですから、12カ月で割ると、月商は1168億9800万円となります。これを式に代入すると、次のように計算できます。

（現金及び預金1074億1200万円＋有価証券1106億3900万円）÷月商1168億900万円＝1・87カ月分

花王の手元流動性は1・87カ月分ですから、大企業の安全基準1カ月分をはるかに超える水準です。十分安全だと言えます。

ちなみに、会社がすぐに使えるお金が最も少なくなる日は1カ月のうちいつでしょう。答えは多くの会社では給料日です。給料日でなくとも給料日から月末にかけてが、資金が「底（ボトム）」になるところがほとんどです。

給料日は会社員にとっては最も楽しみな日ですが、会社の資金繰りにとっては最も厳しい日です。なぜなら、たいていの会社ではお金が最も少なくなる日だからです。

私は、**会社は資金が底となる給料日直後の時点で、最低でも一カ月分の手元流動性を持っておく必要がある**と考えています。理論的には資金がボトムとなるときに、1円でもお金があれば倒産ということにはなりませんが、予定していた買掛金や支払手形の回収が、先方の都合でできないこともありますす。先方が資金繰りに困ったり、倒産することもありうるからです。そんな場合でも、1カ月分の手元流動性があれば、まず大丈夫です。連鎖倒産を防ぐためにも、余裕をもった資金繰りが大切なのです。

本来の意味で十分な手元流動性というのは、「経営者が資金繰りの心配をしなくていい水準」だと私は考えています。資金繰りがしんどくなり、「お客さま第一」どころではなく、「資金繰り第一」の経営者たちをたくさん見てきた経験からです。

◆◆◆◆◆ 安全性は「現金に近いところ」から見ていく

これまで、「自己資本比率」「流動比率」「当座比率」「手元流動性」という四つの指標の説明をしてきました。ただし、この四つを単純に計算しただけで判断してはいけません。重要なのは、その順序です。

会社の安全性を正しく見るためには、「現金に近いところから見ていく」というのが大原則です。いくら自己資本比率が高くても、短期的な資金繰りができなければ潰れてしまいます。ですから、**緊急性の高い順、つまり短期的な指標から見ていかなければならないので**

す。

皆さんは、次の順番で見るようにしてください。

①手元流動性
②当座比率または流動比率（どちらか一つでかまいません。米国では、主に当座比率が使われています）
③自己資本比率

私のお客さまの中でも、優先順位を間違ってしまって、倒産の危機に陥ったケースがありました。ある会社の社長さんが、景気が良いときに「自己資本比率」を上げたいと考えたのです。自己資本比率を上げるためには、次の二つの方法があります。一つは、増資をしたり、利益を蓄積したりして純資産を増やすこと。もう一つは、もっと手っ取り早い方法で、資産を減らすこと。しかし、貸借対照表の構造から分かるように、資産だけは減らないので、負債と資産を同時に減らすわけです。

その社長さんは、毎年業績が順調に伸びているから、持っている現預金を使って借入金を返し、負債と資産を両方減らそうと考えました。資金が足りなくなったら、また借りればいいと考えたのです。ところが、その直後に、金融危機がやって来てしまったのです。手持ちの現預金は借金の返済にあててしまいましたから、十分には残っていません。

そこで銀行からお金を借りようとしましたが、お金を貸してくれなくなってしまったのです。金融危機時などには、銀行はお金を貸さなくなるのです。

このように、業績が比較的順調に伸びていても、お金がなくなったら倒産の危機に陥ってしまう場合がありますから、ある一定以上の手元流動性を確保しておくことがとても大切なのです。危機時には、現預金を月商の数カ月分持っていてもいいのです。**現預金は、ある意味、危機を乗り越えるための「保険」**です。私は仕事柄、いつもマクロ経済を分析していますから、先にも述べたように、大不況や金融危機がやって来そうだと感じたときは、講演などで**「借金してでも手元流動性を高めておいてください」**と経営者たちにアドバイスをします。

会社の安全性は、必ず現金に近いところから見ること。決して順番を間違えないようにしてください。

確かに借金をすれば、自己資本比率は落ちてしまいます。優先順位を知らない人ですと、「自己資本比率を下げたくないから、借金はしない」と言いますが、その考えでは会社を潰しかねません。繰り返しますが、手元流動性が少ないときは、借金をしてでも現預金を増やさないと会社は潰れてしまうことがあるのです。この点を絶対見誤ってはいけません。

「有利子負債」の金額も必ず調べる

企業の安全性を詳しくチェックするときは、これまで紹介してきた四つの指標のほかに、個々の勘定科目を分析することになります。ただ貸借対照表の勘定科目はたくさんあり、すべて説明しているととても大変ですし、財務諸表を分析する際にそこまで必要でないことも少なくありません（もし、特殊な勘定科目が出てきた場合には、そのつどネットなどで調べてください）。

ここでは重要な勘定科目で、これまできちんと触れていないものに絞って説明します。

ちなみに、私がどの会社でも共通して見る項目は、当然ですが「流動資産合計」「流動負債合計」「資産合計」「純資産合計」などです。他によく見る項目は、「現金及び預金」「たな卸資産」「利益剰余金」など。**有利子負債（借入金や社債など）の項目が増えていないか**もよく確認します。それ以外のどこに注目するかは、会社によって異なります。

ではまず、有利子負債の見方について説明しましょう。

有利子負債は、文字通り「利子をつけて返さなければならない負債」のことです。具体的には、次のようなものが含まれます。流動負債の中の「短期借入金」「コマーシャル・ペーパー」「1年内返済予定の長期借入金」「1年内償還予定の社債」「1年内償還予定の新株予約権付社債」、固定負債の中の「社債」「長期借入金」などです。「リース債務」も有利子負債に含めて考えます。

借入金とは、主に銀行から借りたお金のことです。短期借入金は1年以内に返さなければならない借金、長期借入金は返済期限まで1年以上ある借金のことです（長期借入金でもその返済期日が1年以内になったものは、「1年内返済予定の長期借入金」として流動負債に項目がえします）。社債は、会社が発行している債券で、主に投資家が購入しています。中小企業では銀行が買う場合も多く、実質的には借入金と同じ場合も少なくありません。コマーシャル・ペーパーは、短期の社債だと考えてください。

これらの合計が、純資産合計や資産合計と比べてどれくらいあるか。支払利息はどれくらいあるかなどを調べます。例えば、花王の場合、短期借入金は11億3700万円、1年内返済予定の長期借入金は200億1300万円、社債は500億円、長期借入金は300億8300万円ですから、合計で1012億3300万円になります。これは、資産合計1兆1982億3300万円と比べるとかなり小さい額になります。

また、自己資本6582億3100万円と比べると、0・15倍となっています。この指標を**「D／Eレシオ（デット・エクイティ・レシオ）」**といい、有利子負債の多さを見るのに使う場合もあります。一般的に1倍を下回ると安全と言われているので、花王の場合はまったく問題がありません。

さらに、損益計算書から「支払利息」を調べますと、12億9500万円です。営業利益は1332億7000万円稼いでいることを考えると、大した金額ではありません。花王の有利子負債の状況はまったく問題ないと思います。

有利子負債をチェックするときに気をつけなければならないのは、先にも触れた「1年ルール」です。負債の部は「1年ルール」がありますので、返済期限が1年と1日でも固定負債に入ります。ですから、1年と1日後に返済すべき借金がたくさんあり、長期の負債だから安心と思っていても、1年過ぎた直後に突然会社が潰れてしまうこともありうるのです。固定負債だからといって、返済期限が1年と何日あるか、それとも何年あるかは分からないという点に注意してください。

それに関連して、もう一つ注意が必要なのが「1年内返済予定の長期借入金」です。長期借入金というのは1年を1日でも超えている返済期間のあるもので、借りたときは当然ですが固定負債に入ります。しかし、例えば5年の返済期限で借りたものも4年以上経過したら、それは1年以内に返済しなければいけないものに変わりますよね。そうした場合は、先ほども述べたように、固定負債の「長期借入金」から流動負債の「1年内返済予定の長期借入金」へ科目替えをするというルールになっているのです。

上場企業ならば監査が入っていることもあり、そのルールを厳密に守っていますが、非上場の中小企業の場合はこの科目替えをしていないケースがかなりあります。というより、私の経験上は、ほとんどです。すると、ある日突然、長期借入金（本来は1年内返済予定の長期借入金）が返せなくなって潰れることがあるのです。この点も注意が必要です。

「受取手形及び売掛金－支払手形及び買掛金」で資金負担を調べる

同じく「負債の部」でのもう一つのチェックポイントは、流動負債の中の「支払手形及び買掛金」です。これは、仕入れやサービスなどを購入したものの、まだ支払いをすませていないお金のことです。52ページで、「受取手形及び売掛金」の説明をしました。これは、売ったけれど回収していないお金でしたが、「支払手形及び買掛金」はその逆になります。

この二つの勘定科目から、どれだけ資金負担がかかっているかを調べることができます。繰り返しになりますが、まだ回収していないお金は「受取手形及び売掛金」、支払いを猶予されているお金は「支払手形及び買掛金」です。つまり、**「受取手形及び売掛金」が多いほど資金負担が重くなり、逆に「支払手形及び買掛金」が多いほど資金負担が軽くなる**、ということです。

花王の場合、「受取手形及び売掛金」は２０４０億６０００万円、「支払手形及び買掛金」は１２９７億１１００万円です。受取手形及び売掛金のほうが７４３億４９００万円多くなっていますから、その分、資金負担がかかっていると言えるのです。資金負担の分は、短期借入金や自社の現預金などでまかなわなければなりません。

同じ計算を、ユニクロなどを展開するファーストリテイリング（平成26年8月期）でもしてみましょう。「受取手形及び売掛金（売掛金及びその他の短期債権）」は474億2800万円、「支払手形及び買掛金（買掛金及びその他の短期債務）」は1851億1900万円になっています。こちらは花王とは逆に、買ったけれども払っていないお金のほうがかなりたくさんあります。

買ってくれる人たちは現金で支払ってくれることが多いので売掛金が少ない。一方、仕入れ業者に対しては、現金支払いではなく買掛金や支払手形としているということでしょう。それだけキャッシュを払わずに済んでいるわけなので、資金負担が軽くなっているということです。

ちなみに、支払手形及び買掛金に関連して「未払金」という勘定科目があります。こちらも支払手形及び買掛金と同じく、支払いを待ってもらっている金額です。何が違うのかと言うと、支払手形及び買掛金は、主に本業に直接関わる取引によるものです。例えば、仕入れなどの取引です。一方、未払金は本業以外の取引で生じたもので、家賃などが含まれます。

また、貸借対照表の「負債の部」を見ますと、「退職給付引当金」「賞与引当金」のように、「引当金《ひきあてきん》」という言葉がいくつかあります。「引当金」とは、将来発生する支出のことです。今後、どのような用途で、どれだけの金額が必要か、ある程度確定したところで引当金として計上し、その分が費用化されるのです（ただし、「貸倒引当金」は、資産の部にマイナス分として載ります。これは、受取手形及び売掛金のうち、高い確率で回収不能になると予想されるもので、資産のマイナス分として計上されます。また、その額は損益計算書上の費用にも計上されます。例えば、商品を売ったものの、相手企業が倒産しそうで代金を回収できないなどという場合は、貸倒引当金に入ります）。

例えば、「退職給付引当金」は、将来、従業員に支払わなければならない退職金や退職年金などを計上したものです。これはあくまでも会社独自のもので、公的年金などは含まれません。こちらも、いくら必要か確定した段階で引当金に計上され、同時に損益計算書上での費用となります。

花王の場合は「化粧品関連損失引当金」が計上されていますが、これは先にも説明したように、カネボウ化粧品の白斑問題について今後かかるであろう費用を計上したものです。商品の回収や、発症したお客さまへの補償金などが含まれます。

財務会計では、将来出ていくお金が確定した時点で、できるだけ早く費用化するのが大原則です。引当金は、先に費用化されたものが負債に計上されたものなのです。

◆◆◆◆◆売上が減っているのに、「たな卸資産」が増えているときは要注意

流動資産の中にある**「たな卸資産」も重要なチェックポイント**です。これはざっくり言うと、「在庫」のことです。通常は「商品及び製品」「仕掛品」「原材料及び貯蔵品」といったようにさらに細かく分類されて貸借対照表に計上されます。

花王のたな卸資産を見てみましょう（57ページ参照）。「商品及び製品」は1118億3100万円計上されています。この「商品」と「製品」とは何が違うのでしょうか。商品は、仕入れたもの。製品は自社で作ったものです。一般的にはこのような使い分けをしています。

「仕掛品」は128億3300万円ありますね。これは、原材料から製品に至るまでの中間にある製品のことで、いわゆる「半製品」と呼ばれるものです。期末時点で存在する作りか

けのもの、というわけです。

「原材料及び貯蔵品」は、331億2300万円あります。例えば、化粧品の場合ですと、原材料は油脂、界面活性剤、保湿剤、防腐剤、酸化防止剤、香料などが含まれます。貯蔵品は、その中でも長く保存できる材料を指します。

　ここで覚えておいていただきたいのは、これらは原則的に買ったときの値段で計上されているということです。商品は仕入れたときの値段。製品は、原材料とそれを作るために要した人件費、電気代など、作る過程でかかった費用もすべて含まれています。これは「製造原価」であり、売値ではないことに注意してください。貸借対照表に計上されているすべての勘定科目は、原則的に、買ってきたときの値段、作ったときの値段になっています。


もう一つ、たな卸資産を見る上で重要なポイントがあります。

　在庫の中には古くなって売れなくなるものもあります。そうした売れなくなった在庫は通常、その分損失を計上してたな卸資産の残高を減らすのですが、業績がしんどくなった会社が、損失を先送りすることがあるのです。実際に在庫が存在しても、それが売れるものか売れないものかは外部の人間にはなかなか分かりませんからね。

たな卸資産は、売上高に対しての比率でチェックして、増加傾向にあれば要注意ということになります。特に、売上高が減少しているのにたな卸資産が減っていない、あるいは増加しているという場合には、不良在庫が積みあがっている可能性が高く、厳重注意が必要です（たな卸資産は売上原価との関係も重要ですので、これについては190ページの「売上原価を見るときの注意点！」のところであらためて説明します）。

また、同様に「売掛金」や「受取手形」残高の売上高に対する比率が上がっている場合にも注意が必要です。先方からの支払い条件を変えていたり、場合によっては期末に押し込み販売などをしていることもあるからです。さらには、これはめったにないことですが、架空売上を計上していることもあります。架空に売上を計上した場合には、当然、現金は回収されませんから、売掛金だけが膨らむということになるからです。もちろん、これは「粉飾」で、許されることではありませんが、まったくないとも言い切れないのです。

◆◆◆◆◆◆ 利益剰余金は現金とは限らない

「利益剰余金」については、第1章の62ページでも説明しました。生み出した利益（純利益）の蓄積のことで、ここから株主への配当が支払われるのでしたね。

ただそこでは話が複雑になるので、あえて説明しなかったことがあります。それは「利益剰余金は現金とは限らない」ということです。

復習になりますが、利益剰余金が入っている貸借対照表の右サイドは、「資金の調達源」を表しています。一方、左サイド（資産の部）は、その資金をどのように使ったかが記載されているのでした。**利益剰余金は最初は現金かもしれませんが、それが左サイドの「資産の部」では設備や機械、建物などに変わっていることもある**のです。

したがって、利益剰余金が潤沢にあっても、手持ちの資金がなくなれば倒産、ということもあるわけです。

ここでぜひ覚えておいていただきたいのは、**バランスシートの右サイドはあくまでも「資金の調達源」であって、資金そのものではない**ということです。ぜひこのことを忘れないようにしてください。

では資金そのものはどこに載っているか。これは当然ですが、左サイドの「資産の部」（流動資産）に載っている「現金及び預金」や「有価証券」になります。経営者であれば、最低限、自分の会社の現預金がいくらあるか、月末や月初に必ず見ておくべきでしょう。

【コラム】スカイマークの破綻直前の財務内容を分析する

実質的に経営破綻《はたん》となったスカイマークは、これまで紹介してきた比率で見るかぎりは、1期前までは財務内容に問題はありませんでした。平成26年3月期決算を見ますと、自己資本比率は51・5%、流動比率は139・3%と、非常に高い水準です。しかも銀行からの借入や社債もなし。損益計算書から読み取れる業績は落ちていたものの、破綻する前の期の財務諸表からは、分析のプロでもなかなか危機を察知できなかったのではないかと思います。

同社は2011年、国際線に参入しようとして、欧州の航空機メーカーであるエアバスから、超大型機A380を6機も購入する契約を結びました。総額で1915億円にものぼる巨額投資です。しかし、契約時より円安が進んで支払金額が膨らんでしまったことや、そもそも契約時以降に収益力自体が悪化したことから、購入が難しくなってしまいました。結局、売買契約は解除されてしまったのです。さらに、700億円を超える違約金が発生しました。

こうした一連の流れから、スカイマークは２０１５年１月28日に民事再生法の適用を申請しました。実質的な経営破綻です。

では、この直前の決算内容（平成27年３月期第３四半期決算）を見てみましょう。スカイマークは連結対象がありませんから、多くの上場企業が開示している連結ではなく、単体の決算になります。

スカイマークの業績は、２年前から営業赤字に転落していました。この期も、売上高にあたる事業収益は、前年同期より１・４％減の６４３億２２００万円。営業利益も、前年同期は１億８１００万円の赤字だったのが、この期は１１２億９０００万円の赤字まで悪化しています。

業績が落ち込んだ大きな原因は、航空事業費の増加です。この理由はいくつかあり、一つは円安などによる原油価格の高騰が燃料費を押し上げたこと。もう一つは、使用航空機を増やしたことで、航空機材費や乗組員の訓練のための費用がかさんだことです。格安航空会社（ＬＣＣ）の台頭により競争環境が激化していることも背景にあります。

その結果、四半期純損失１３６億１７００万円を計上しました。エアバス問題を抜きにしても、本業そのものが大幅に悪化していたのです。

では、スカイマークの財務内容はどうなっていたのでしょうか。倒産直前の四半期末での自己資本比率は41・3%。安全基準である20%をゆうに超えています。短期的な安全性を示す流動比率は75・4%。若干低い水準ですが、航空業のように日銭が入ってくる業種では、問題なく回ります。

ところが、当座比率は急速に悪化していました。この期末は23・6%ですが、その3カ月前の中間決算では49・5%、前期末である平成26年3月期決算では77・0%でした。

手元流動性も、破綻直前の期末には0・1カ月分まで減少しており、危機に陥っていました。安全基準は1カ月分ということを考えると、資金繰りに窮してかなり厳しい状況だったことが分かります。

ただ、スカイマークは有利子負債がない会社でしたので、その時点で返済に困ることはありませんでした。しかし、この先に控える給与や買掛金などの支払い、さらには、違約金の支払いが不可能なことや、悪化し続ける本業を建て直す余力がないことから、民事再生法の適用を申請したのです。

もう一つ、スカイマークは航空会社としては資産規模が非常に小さいのです。破綻直前でも740億円程度しかありません。貸借対照表の固定資産を見ても、航空業の割には規模が非常に小さいことが分かります。例えば、航空機材は27億6100万円しか持っていません。航空機の価格は1機あたり100億円単位の規模ですから、同社が使っている航空機は、帳簿に載らない方法で借りている（リースしている）ということなのです。資産に計上されているのは、交換のための部品程度だったのです。

リースには、「オペレーティングリース」と「ファイナンスリース」というものがあります。ファイナンスリースというのは、自分が持っていないものを、代わりにリース会社に購入してもらってそれを借りる取引ですが、通常は長期間解約できません。これは自社がお金を借りて、買っているのと同じ状態になっているので、会計処理上は「リース資産」「リース負債」として貸借対照表に計上しなければならないのです。これはリース会社にお金を立て替えてもらっているのと同じですので、有利子負債と同様に会計上は処理されます。

一方、オペレーティングリースというのは、リース会社が持っているものを借りるという契約です。レンタカーなどがこれに含まれます。これは、賃料は損益計算書に計上されますが、貸借対照表では資産にも負債にも計上されません。スカイマークの航空機の大部分は後者のオペレーティングリースで借りていたと考えられます。

しかし、A380についてはリースを組むことができませんでした。なぜかというと、A380は転売が難しいからです。大型機の人気が落ちているのです。普通は、転売できるのであれば、リース会社が買って、どこかの会社に貸して、戻してもらったらまた貸すか、転売すればいいわけです。そのリースができないから、スカイマークは購入を決断したと考えられます。本来なら、リースできないと分かった時点でA380導入をあきらめるべきだったでしょう。

一方、エアバスもスカイマークが発注したA380の転売先はなかなか見つからないでしょうから、解約に際してエアバスはスカイマークから絶対に違約金を取りたいと考えたのです。

また、航空機は保管するための場所代がすごくかかるのです。しかも、エアバスにとって保管期間が長引きますと、機体のメンテナンスコストもかかります。そういう点からもエアバスにとって、スカイマークの解約は大きな負担となります。

繰り返しますが、スカイマークの売上規模や資産規模から見ますと、１機３００億円超というA３８０を６機も購入しようとしたのは、はっきり言って無謀でした。違約金を７００億円支払うにしても、資産合計が７４１億円しかないわけですから、まず不可能です。

もし、営業赤字の問題だけだったら、銀行からお金を借りて自力で再建することは可能だったと思います。不採算路線を切るなどをすればいいのです。もともと無借金企業だったということもあり、少なくとも倒産までの時間はだいぶ稼げたと思います。しかし、７００億円もの違約金が発生する可能性を考えると、銀行は怖くて融資できなかったのでしょう。経営者の誤った判断が、スカイマークの運命を変えてしまったと言えます。

【②「収益性」を分析するときのチェックポイント】

続いて、損益計算書を使って会社の「収益性」を分析する方法を見ていきます（復習のために、ポイントを左図にまとめておきました）。ここでも花王の財務諸表（平成26年12月期決算）を使って説明していきましょう。

◆図3-3　損益計算書の復習

	売上高
−	売上原価
	売上総利益
−	販売費及び一般管理費
	営業利益
＋	営業外収益
−	営業外費用
	経常利益
＋	特別利益
−	特別損失
	税金等調整前当期純利益
±	税金等の調整
	当期純利益

◆「売上高成長率」——売上の伸びとその理由をまずチェックする

最初に見るのは、売上高が前の期よりどれだけ伸びているか、あるいは減っているかという点です。花王の損益計算書（33ページ）を見ますと、売上高は前の期が1兆3152億1700万円、この期は1兆4017億7700万円ですから、前の期より6・6％増えていることが分かります。なかなか好調です。

なぜ売上高が伸びたのか、という理由も調べてください。**各社が公表している「決算短信」の冒頭には、その期の業績がなぜ改善したのか、あるいは悪化したのか、理由が詳しく書いてあります。**

花王の決算短信によると、売上高を伸ばした理由は、大きく分けて三つあると説明しています。一つは、2014年4月に行われた消費増税に向けて駆け込み需要が起こったこと。それに対して積極的に供給対応を行って品切れを極力防ぎ、売上を伸ばしたのです。

二つめは、アジアでの販売が好調だったことです。新興国の経済は急成長していますから、市場がどんどん拡大しているのです。また、円安の影響で現地の売上高の円換算額が増えたこともあるかと思います。

三つめは、油脂などの原料価格が高騰したことで、商品価格を上げたことです。

余談ですが、これらの理由を見ると、企業の売上はマクロ経済や為替相場の動きに大きく影響されていることが分かりますね。もちろん、花王の努力もあるでしょうが、経済の大きな動きも相まっているのです。

経営指標の分析は、数字そのものだけではなく、マクロ経済、為替相場、その会社のニュースなどとあわせて見ることも大切ですし、そうして企業の状況を見ると、よりダイナミックに見ることができますね。

◆◆◆◆◆ なぜ売上高の伸びが重要なのか?

さて、売上高を伸ばすことはなぜ大切なのでしょうか。

「売上高が利益の源泉だから」。はい、たしかにその通りです。でも、それだけが理由ではありません。

昔、私がある一部上場企業で管理会計のコンサルティングをしていたとき、こんなことがありました。その会社の社長が、私に「今年は減収増益になりますよ」と、少し自慢げにおっしゃったのです。「収」は売上高、「益」は利益を意味しますから、社長は「売上高は落ちますが、不採算事業を整理したりコストカットをしたことで利益率が上がり、利益はむしろ増えますよ」と言いたかったのです。

社長のその発言に対し、私はこう申し上げました。「利益を増やすことはたしかに大切です。ただ、**売上高は企業の社会でのプレゼンス（存在感）や影響力を表しているもの**です。当然、企業は売上高の伸びも追求していかなければなりません」。

企業がお客さま（社会）に商品、製品、サービスを提供することで、売上高が発生します。したがって、売上高が上がらないということは、その企業がお客さまに喜んでもらえていない、社会への貢献度合いや社会の中で存在感が弱くなっている、ということです。だからこそ売上高が重要なのです。工夫して売上高を伸ばし、そして、さらに工夫して利益を増加させる、そういう経営が望ましいと私は考えているのです。

売上高とあわせてチェックすべき項目

先にも説明したように、**売上高の伸びを見るときは、あわせて「在庫（たな卸資産）」の伸びもチェックする**ことが大切です。在庫量の伸びが売上高の伸びに比べて際立って高い場合や、在庫量が増えているのに売上高が下がっている場合には、「売れない不良在庫」が増えている可能性があります。損益計算書のところで説明したように、「売上原価」は、在庫のうち「売れた分」だけが計上されるのでしたね。ですから、利益（売上総利益）と在庫量とは短期的には直接関係しないのです（このことは、後にさらに詳しく説明します）。

168ページで説明したように、在庫の伸びは貸借対照表の「資産の部」の「たな卸資産（商品及び製品、仕掛品、原材料及び貯蔵品）」という勘定科目で分かります。在庫の増加はキャッシュフローの悪化につながりますから、損益計算書で売上高の増減率を見たら、あわせて貸借対照表で在庫の増減率もチェックするようにしてください。

また、**売上高の伸び率は資産の伸び率と比較することも重要**です。資産というのは、貸借対照表の左サイドのことです。これはもう説明不要ですね。

売上高の伸び率が資産の伸び率を上回っているときは、会社が順調に成長しているときです。一方、売上高の伸び率が資産の伸び率よりも低い場合は、成長はしているものの、資産の活用効率が悪くなっていると言えます。

❖❖❖❖❖ 「資産回転率」——資産をどれだけ有効に活用しているか？

資産の有効活用度合いを測る重要な指標としては、**「資産回転率」**があります。

第2章で説明したROEの分解式（105ページ参照）のところでも出てきましたね。覚えていますか？　この指標は、会社の保有する資産に対してどれだけ売上高があったかを示す指標で、次のような式で計算されます。

資産回転率＝売上高÷資産

資産は、当然ですが貸借対照表の「資産合計」を使います。この指数が高ければ高いほど、効率よく資産が活用されていることを示します。

花王の場合を計算してみましょう。売上高は1兆4017億7000万円、資産合計は1兆1982億3300万円ですから、資産回転率は1・17倍となります。単位は「％」ではなく、「倍」ですので注意してください。

製造業の場合は、だいたい1倍前後になりますから、花王は標準的な水準だと言えます。

ただ、この指標は、業種によって数字がまったく異なるので、注意が必要です。

例えば、私たちのようなコンサルティング会社やソフトウエア会社ですと、工場や大きな機械などは要りませんし、資産といっても、事務所が賃貸なら、せいぜい机やパソコン、文房具などしかありません。また、**「人は財産」と言われていますが、人材は会計上は資産には含まれません。**すると、売上高を上げるのに資産をそれほど使っているわけではないので、資産回転率が高くなるのです。2倍、3倍ということも珍しくありません。

◆◆◆◆◆ 資産回転率の落とし穴――効率性と安全性は別であるということ

では資産回転率の高い会社ほど、より優れた経営をしている会社なのでしょうか。

実はそうとは限らないのです。**資産回転率の高い会社は、効率性はよいのですが、安全性の面で問題が生じることがある**からです。どうしてか分かりますか?

資産というのはある程度売却が可能であり、いざというときの「保険」の役割を果たしています。資産規模の大きな会社であれば、万が一のときでも、土地や建物、機械などを切り売りすることもできます。しかし、資産規模が小さい会社というのは、いざというときに「売るもの」をあまり持っていないので、それができません。

一方で、資産回転率の高い会社というのは、たいてい人件費や家賃に多くの費用がかかっています。したがって、売上高が極端に落ち込んでしまった場合、家賃や今抱えている社員の給料を支払えなくなってしまうことがあるのです。

このようなこともありますから、資産回転率だけを見て「超優良企業だ」と思っても、不況に対する抵抗力が弱く、景気が悪くなると突然倒産してしまう場合があることも認識しておく必要があります。「効率性」と「安全性」というものは、裏腹な面があるということを理解しておいてください。

ソフトバンクの資産回転率が低い理由

資産回転率の具体例をもう二つ出しますので、見比べてみましょう。一つは、関西電力（平成26年3月期決算）です。売上高にあたる営業収益は3兆3274億8400万円、資産合計は7兆7775億1900万円ですから、資産回転率は0・43倍となります。製造業の半分以下の水準しかありませんね。電力会社のように、発電所などの資産がたくさんなければできない装置産業は、資産回転率が非常に低くなるのです。

ただし、資産を買うためにはお金が必要ですから、巨額の資金を調達できなければ、装置産業はできません。逆に言いますと、それが参入障壁になっているのです。

一方、資産回転率の高いＩＴ業やコンサルタント業などは、事業を始めるときには資金がほとんど必要ありませんから、参入障壁が低く、やろうと思えばすぐに始められる業種だということです。


この仕組みを逆手にとって、事業を大きく拡大させた会社があります。携帯キャリア大手のソフトバンクです。

なぜ、孫正義社長は携帯電話事業に参入したのでしょうか。もちろん、通信事業で世界一になるという孫さんの志もあるでしょうが、ビジネスモデル的には、資産回転率が低く、参入障壁の高い業種にどんどん参入しているとも言えるのです。

孫社長は最初、ソフトウエアを販売する小さな会社をつくりました。まずはこの会社で地道に業績を上げ、ファイナンス余力を高めていったのです。ある程度資金が貯まったところで、次に高速インターネット接続サービスであるＡＤＳＬ事業に着手しました。この事業も、最初は大きな金額の設備投資が必要（資産回転率が低い）ですから、誰でもすぐに始められるものではありません。

ＡＤＳＬ事業によってさらに会社の規模を拡大させ、さらにファイナンス力をつけ、ついに携帯電話事業に参入しました。２兆円という巨額投資をして、ボーダフォンの日本の事業を買収したのです。そのまま順調に業績を伸ばし、２０１３年には米携帯電話大手のスプリントを買収して、さらに規模を大きくしました。このように孫社長は、資本の優位性を活かせる業種、つまり、参入障壁の高い業種にどんどん進出してきたのです。

ここで、ソフトバンクの資産回転率を計算してみましょう。平成26年3月期決算の売上高は、６兆６６６６億５１００万円、資産合計は16兆６８４９億９７００万円ですから、資産回転率は０・40倍となります。製造業の１倍程度と比べると、半分以下ですね。資産効率は悪いのですが、逆に言うと、それが高い参入障壁になっているのです。

参入障壁は、高いほど新規参入が難しいわけですが、その反面、障壁の高さが利益につながるのです。どういうことかと言いますと、その業種になんとか参入し、経営をうまく行えれば、競合が少ない分、大きな利益を得ることができるというわけです。孫社長が、ソフトウエア販売の会社からＡＤＳＬ事業、さらには携帯電話事業へとシフトしていったことは、成長性が高く、かつ資本の優位性を生かせる参入障壁の高い事業にどんどん参入していったという見方もできるのです。

◆◆◆◆◆◆「売上原価率」――製造コストや仕入れが上がっていないか？

売上高の次の勘定科目、売上原価に進みましょう。

いくら売上高が伸びていても、売上原価（原材料費や仕入れなど。32ページ参照）がそれ以上に増えてしまっては、利益を伸ばすことはできません。そこで、**「売上原価率」**を計算して、売上高の伸びと比較する必要があります。

売上原価率＝売上原価÷売上高

これが大きいほど、原価がかさんで利益が出にくいということです。花王の場合を計算してみましょう。

売上原価　÷　売上高　＝売上原価率

前の期　5727億6900万円÷1兆3152億1700万円＝43・5％

この期　6322億5000万円　÷1兆4017億7000万円　＝45・1％

右のように計算しますと、前の期は43・5％、この期は45・1％ですから、若干ですが上がっていますね。

一方、売上から売上原価を引いたものが「売上総利益」でした。小売業や卸売業では「粗利」「粗利益」とも呼ばれているものです。花王の売上総利益の額は、前の期は7424億4800万円、この期は7695億2000万円ですから、3・6％増です。原価率は上がったものの、売上総利益の絶対額は増加しました。

売上原価率と相反する指標として、**「売上総利益率」**というものがあります。

売上総利益率＝売上総利益÷売上高（＝1－売上原価率）

この指標は、数字が大きいほど効率よく売上総利益を出しているということです。ちなみに、売上原価率とは逆の関係になりますので、「売上総利益率＝1－売上原価率」という式でも計算できます。

では、花王の売上総利益率が下がった理由（＝売上原価率が上がった理由）は何でしょうか。円安の影響から、一部の原材料費が上昇したことにあると考えられます。決算短信には、売上が伸びた理由は、油脂の値上がりによって一部の商品価格を上げたと書いてありましたが、この数字にもそれが現れているのです。

❖❖❖❖❖ 売上原価を見るときの注意点！——「たな卸資産」も必ずチェックする

売上原価を見る際に、あわせて必ずチェックしなければいけないものがあります。それは貸借対照表の「たな卸資産（在庫）」です。

復習になりますが、売上原価とは何でしょうか？　原材料費など「売り上げた商品やサービスに直接かかった費用」でしたね（32ページ参照）。さらに思い出していただきたいのは、**「売上原価＝製造原価ではない」**ということです。製造原価というのは、文字通り製品を作った際にかかった費用です（損益計算書には「製造原価」という勘定科目はありません）。

一方、**損益計算書で売上原価に計上されるのは、「売れた分の製造原価」だけ**です。作ったものや仕入れたものは、いったん「たな卸資産」となり、そのうち、売れた分だけが売上原価になるのです（なんでこんなややこしいことが起こるかというと、売上高が計上されたときに、その費用を計上するというのが会計上の大原則になっているからです）。

例えばある年、１００個のものを作って原価が１００かかり、そのうち50個だけ売れた会社があったとしましょう。製造原価は当然ですが１００です。では売上原価はいくらになるでしょう。売れた50個の原価だけが計上されますので、50になります。

では、まだ売れていない製品や仕入れた原材料にかかったお金は、どこに計上されているのでしょうか？　それらはすべて、貸借対照表の「資産の部」の「たな卸資産（在庫）」に入っているのです（企業によっては、「商品及び製品」「仕掛品」「原材料及び貯蔵品」といったように、より細かく分かれて記載されています）。

これは、製造した製品だけでなく、仕入れた商品でも同じです。作った分、仕入れた分がそのまますべて売上原価になるのではなく、それらは**いったんすべてたな卸資産になり、そのうち売れた分だけが売上原価に計上されていく**のです。

では、もし売れない製品を大量に作ったり、売れない商品を大量に仕入れたりしたらどう

◆図3-4　「売上原価」と「製造原価」の違い

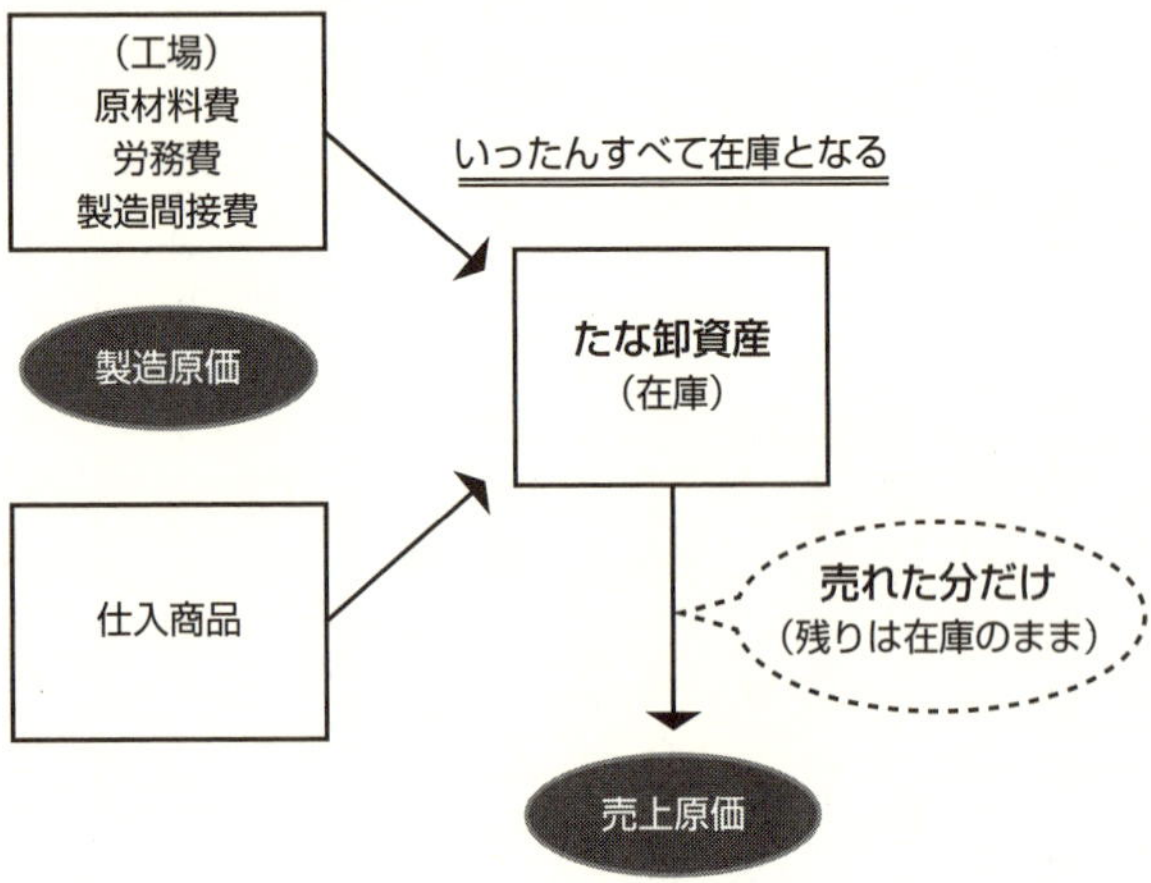

なるでしょうか？　普通に考えれば赤字になると思いますよね。ところが会計上はそうならないことも少なくないのです。その仕組みはこうです。

　まず、大量に作ったり、仕入れたりすれば、「たな卸資産（在庫）」は当然増えます。一方、売上原価は、製品や商品が売れていないのでそれほど増えません。さらに、大量に作ったり、大量に仕入れたりしたほうが通常は1個あたりのコストは下がりますから、１個あたりの売上原価は下がります。

　こうなると損益計算書はどうなりますか。**売れ行き不振で在庫が大量に積みあがっているのに、損益計算書上では利益が出ている、といったことが起こりうる**のです。ただし、当たり前ですが、在庫を増やせば現金は出ていきますから、その後も売れなければ資金繰りはどんどん悪化していきますし、どこかで売れないものを処分することになれば、その分、処分時点で損失が出るということになるのです。

財務諸表の分析に慣れていない人は、ここでだまされてしまうことがあります。損益計算書だけを見て「利益が出ているのでこの企業は大丈夫」と思っていたら、その裏では大量の在庫を抱えていて、ある日突然倒産してしまった、ということは十分起こり得るのです。

売上原価を見るときは、必ず貸借対照表のたな卸資産もあわせて見るようにしてください。また、この章でのちほど説明する「キャッシュフロー計算書」を見ることでも、こうした問題点を見つけ出すことができます。

◆「たな卸資産回転月数」——在庫の量は適正か？

では、売上原価に対して、どのくらいの在庫であれば適正なのでしょうか。

それをチェックする指標として、「たな卸資産回転月数」というものがあります。これはざっくり言えば、**「何カ月分の在庫を持っているか」**を計算することです。計算式は次の通りです。

たな卸資産回転月数＝たな卸資産÷１カ月あたりの売上原価

この数値が少ないほど、在庫回転の効率がよいと言えます。では、花王の場合は何カ月分の在庫を持っているのでしょうか。花王のたな卸資産は、合計で１５７７億８７００万円。１カ月あたりの売上原価は５２６億８４００万円ですから、在庫の備蓄期間は３・００カ月分ということになります。仕掛品も含めて比較的多くの在庫を持っていることが分かりますね。

たな卸資産回転月数も、業種や会社によって基準が大きく異なります。例えば、石油精製業の場合は、大量に石油の備蓄をしていますから、２カ月分くらいの在庫を持っている会社があります。一方、外食業は、食品によっては保存期間の短いものもありますから、半月分以下しか持っていない場合があります。

また、同じ業種であっても、差がある場合があります。その典型的な例は、大塚家具とニトリです。大塚家具の在庫はおよそ７・５カ月分、ニトリは２・４カ月分。ニトリは大塚家具と比べて低価格路線をとっていますから、在庫の回転率が早いのです。一方、先ほど説明した、売上総利益率は、どちらも50%程度でそれほど大きく変わりませんから、ニトリが高収益ということがここからも分かりますね。

「販管費率」――人件費や広告宣伝費がかかりすぎていないか?

花王の財務諸表に戻りましょう。先ほど、売上総利益の見方まで説明しました。続いて「販売費及び一般管理費（販管費）」を見てください。販管費には、営業所の家賃や光熱費や通信費、営業や経理スタッフの人件費、広告宣伝費、製造に関わるもの以外の減価償却費（201ページのコラム参照）など、売上原価以外の本業に関わる費用がすべて含まれます。

花王の場合、前の期は6177億9200万円、この期は6362億3200万円計上されていますから、やや増加しているものの金額的にはほとんど横ばいです。

販管費の増減率を見たら、次は**「販管費率」**を計算してみましょう。

販管費率＝販管費÷売上高

販管費率は、売上高に対して販管費がどれだけ占めているかを示した指標です。これが高いほど、広告費や人件費などの販売管理コストがかかっているということです。

	販管費	÷	売上高	＝販管費率
前の期	6177億9200万円	÷	1兆3152億1700万円	＝47・0％
この期	6362億3200万円	÷	1兆4017億7700万円	＝45・4％

花王は、前の期が47・0％、この期が45・4％ですから、少し販管費を抑えていることが分かります。金額自体は増えていますが、うまくコントロールできたために、比率は下がっているのです。売上原価率の伸び（1・6％）を販管費で調整したとも読み取れます。偶然かもしれませんが、販管費率の削減幅も1・6％です。

経営者や部門管理者は、この販管費や販管費率を常に気にしておく必要があります。販管費というものは、放っておくとどんどん膨らんでいってしまうものだからです。特に粗利

（売上総利益）の少ないビジネスをやっている会社ほど、敏感になる必要があります。

「売上高営業利益率」――本業でどれだけ効率よく稼げているか？

次の項目は、「営業利益」です。新聞やニュースなどでもよく目にする言葉ですね。これは「本業の儲け」の効率性を示していますので、特に大切な項目になります。

営業利益は、売上総利益から販管費を差し引いたものでしたね。花王の営業利益は、前の期は１２４６億５６００万円、この期は１３３２億７０００万円ですから、前の期より６．９％増えていることになります。売上高と同様、順調に伸びていると言えますね。

次に、どれだけ効率的に営業利益を稼いでいるかを調べるために、**「売上高営業利益率」**を計算します（もちろん、前の章で勉強したように、資産に対してどれだけ効率的に利益を出しているかの「ＲＯＡ」も大切です）。

売上高営業利益率＝営業利益÷売上高

売上高営業利益率は、数字が大きいほど効率よく営業利益を出していると言えます。例えば、売上高が増えているのに、営業利益が落ちているという場合があります。これは、その分、人件費や広告費などの経費がかさんでしまっているということです。

こういった状況が続きますと、事業を拡大するほど、経営が厳しくなってきてしまうことにもなりかねません。花王の場合を計算してみましょう。

営業利益　÷　売上高　＝売上高営業利益率

前の期　１２４６億５６００万円÷１兆３１５２億１７００万円＝９・５％

この期　１３３２億７０００万円÷１兆４０１７億７０００万円　＝９・５％

前の期は９・５％、この期も９・５％ですから、コストをかける割合は変わっていないということです。安定した事業を行っている様子が窺えます。

これまで、「売上原価率」「売上総利益率」「販管費率」「売上高営業利益率」といった損益計算書に関わる、さまざまな指標について説明してきました。**損益計算書は、主に企業の収**

益性を見るためのものですが、「金額」で見るとともに「率」で管理することも大原則なのです。少し面倒かもしれませんが、一つひとつ計算して比べてみてください。

高収益企業の基準とは？――「付加価値」を計算する

企業が高収益かどうか、どのように判断すればよいのでしょうか。

京セラの創業者であり、日本航空を再生させた稲盛和夫さんは「売上高営業利益率が10％を超える企業を目指すべき」とおっしゃっています。一般的にはその考え方でも問題ありませんが、先ほど説明した、売上総利益率が業種によりかなり違うこととも関連して、売上高営業利益率の水準は業種によってかなり異なりますから、一律の基準とするのは難しい場合もあるのです。

例えば、私のようなコンサルタント業をやっている会社ですと、売上高営業利益率が10％を超すことはそれほど難しくありません。一方、商社のような卸売業ですと、売上高に占める仕入れの割合が大きく、その粗利率は比較的低いために、売上高営業利益率が10％を超すことは非常に難しいのです。もし、その基準を満たそうとするならば、社員に給料を払えなくなる恐れもあります。ただし、製造業については、売上高営業利益率10％の基準は適切だと思います。

このような業種ごとの違いを考えますと、売上高営業利益率を基準にして高収益かどうかを評価するのは少し難しいと感じます。

そこで、私が高収益企業かどうかを判断する際の基準にしているのは、**「付加価値の20％くらいの営業利益が出ているかどうか」**という点です。

この「付加価値」とはどのようなものでしょうか。付加価値とは、基本的に「売上高から仕入れを差し引いたもの」です。

例えば、卸売業や小売業の場合は、「売上総利益（売上高－売上原価）」が付加価値にあたります。

製造業の場合は、売上総利益に、製造にかかる人件費（労務費）と製造にかかる減価償却費（201ページのコラム参照）を足し戻したものです。製造業の売上原価には、製造に直接かかる人件費（労務費）と、製造に必要な工場などの減価償却費も含まれていますから、足し戻すことで「付加価値（売上高－仕入れ）」が算出されるのです。

この付加価値をベースにすれば、収益性の基準をどの業種にも当てはめることができますから、客観性が高いと私は考えています。企業の収益性を調べるための指標として、これもぜひチェックしてみたいところです。

ただし、自社や他社でも卸売業や小売業の場合にはデータを得やすいのですが、他社の財務分析をする場合、特に製造業や売上原価に人件費などが含まれるサービス業などの場合には、計算が難しい場合が少なくありません。

【コラム】「減価償却費」とは？

会計には、「減価償却」という考え方があります。よく耳にする言葉ですが、その意味をきちんと説明できるでしょうか。

これは、工場や機械といった長期間にわたって使う資産を購入したとき、**購入年度に全額を費用として計上するのではなく、その資産の利用可能年数で分割して、毎年その分だけ費用として計上していく**という考え方です。

「そんな複雑な説明じゃ、余計わからない」という方もいらっしゃるかもしれませんね。具体例を挙げて説明を補足しましょう。

例えば、1億円で建てた工場の利用可能年数が50年だったとします。その場合、この工場の資産価値は、1億円÷50年間＝200万円、つまり毎年200万円ずつ減っていくと考えられます。そこで、貸借対照表の「資産の部」に計上されている工場建屋の価額を毎年200万円ずつ減らしていきます。同時に、減った200万円は、損益計算書の費用として毎年計上していくのです。

この200万円のことを**「減価償却費」**と言います。

では、耐用年数というのはどうやって判断するのでしょうか。それは、「この資産の法定耐用年数は何年ですよ」というように、資産の種類ごとに法律であらかじめ定められているのです（それよりも短い期間で、当該資産が使えなくなるような場合には、財務会計上はその期間で償却するということになります。少しややこしいですが、そのような場合でも税務会計上「損金」と認められるのは、法律で定められた期間での償却分となります。トータルでは同じですが、費用化される期間と損金として計上される期間が違うのです）。

また、減価償却の対象となるのは、建物や車両、機械など、何年にもわたって使う「固定資産」に限られます。通常1年以内に使われる原材料や在庫などの「流動資産」は減価償却の対象にはなりません。

また、土地は減価償却の対象にはなりません。なぜなら、土地は何年にもわたって使う固定資産ですが、通常は永遠に使用することができるからです。

「営業外収益と営業外費用」——本業以外の収益や費用はどうか？

ここまで、売上高から営業利益までの、会社の「本業」の収益状況を分析してきました。続いて、本業以外の収益や費用についても目を通していきます。

営業利益の下の項目にあるのは、**「営業外収益」**です。これは、本業以外の活動によって得られる収益のことでしたね（36ページ参照）。

具体的にどんなものがあるでしょうか。例えば、関連会社の利益は「持分法による投資利益」、工場や本社ビルの一部を貸している場合は「受取賃貸料」として計上されます。また、会社が保有する株式の配当金を得た場合には「受取配当金」に上がってきます。ちなみに、自社の株主に支払う配当金は、貸借対照表の純資産の部にある「利益剰余金」から支払われますから、ここには出てきません。

「営業外費用」も同様で、本業とは関係ない費用が並んでいます。ここで注意していただきたいのは、「支払利息」という勘定科目です。財務内容があまりよくない会社、つまり有利子負債を多く抱えている会社ですと、支払利息が膨らみ、経営を圧迫している可能性があるからです。今は、金利が低いのでそれほど気にしない企業も多いですが、金利が上がると支払利息の負担が増えることになります（もちろん、有利子負債が多いと、それだけでも倒産リスクが高いということになります）。

また、円相場に大きな変動がありますと、「為替差損」が膨らむ場合もあります。為替差損とは、会社が保有している外貨建ての資産や負債が、為替相場の変動によって価値が変わる場合に計上されるものです。

営業利益に営業外収益を足して、営業外費用を差し引きますと、**「経常利益」**が計算されます。これは、本業とそれに付随するものから経常的に得られる利益であることから、経常利益と名付けられているのです。本業での実力値が営業利益だとすれば、本業以外のことを含めた経常的に起こるすべてのことを含む実力値が経常利益だと言えます。

花王の経常利益を見てみましょう。前の期は1280億5300万円、この期は1387億8400万円ですから、8・4％増えていることが分かります。何が変動したのかを調べると、大きなものは営業外収益の「為替差益」が11億7100万円です。この期は円安ドル高が急速に進みましたから、外貨建て資産の価値が上がったのだと考えられます。営業利益の伸びに加え、営業外収益も増えたことから、経常利益が伸びているのです。

「特別利益と特別損失」――一時的な利益と損失を調べる

続いて、経常利益の下にある「**特別利益**」と「**特別損失**」を見ていきます。これは第1章でも説明しましたように、**一過性の利益や損失**をまとめたものです。

花王の特別利益と特別損失を見てください。特徴的なのは、特別損失の中にある「化粧品関連損失」です。

2012年、花王の傘下にあるカネボウ化粧品の「白斑問題」が明るみに出ました。美白化粧品の利用者の一部に、肌がまだらに白くなる「白斑」が出たのです。発症者の数は、2013年9月の時点で約1万人。白斑とカネボウ製品との関連性は、すでに2012年9月に指摘されていましたが、自主回収に踏み切ったのは、2013年7月でした。

当然、親会社である花王も連結決算上この影響を受けました。それが、化粧品関連損失に計上されている88億9600万円です。前の期も96億5200万円が計上されています。製品の回収費用や補償のための費用などがかかっているのです。

もう一つ、ここで説明しておきたいことがあります。花王の損益計算書にはありませんが、ときどき、特別損失に**「減損損失」**という勘定科目が載っていることがあります。

減損損失とは、何でしょうか。工場や機械、建物などの資産が、思ったほどの利益を生み出さない場合、貸借対照表上にあるその価値を下げることを「減損」と言います。そして、減損によって価値が下がった分を「減損損失」として損益計算書の特別損失に計上することになっています。

例えば、バブル期に１００億円かけて設置した店舗があるとします。しかし想定していた利益（キャッシュフロー）を生まない期間が相当期間続くということがあります。

そんなときは、貸借対照表の左サイド「資産の部」にある固定資産にある投資金額（簿価）の数字を１００億円から相当額に引き下げます。そして、その引き下げ額を「特別損失」として損益計算書に計上するのです。

減損はできるだけ早めに計上することが大原則です。しかし、一般的に会社の本音としてはあまり出したくないものですから、監査法人が監査を行って減損をするように指摘することがあります。

また、減損損失を計上する場合は、営業利益が低迷していることも少なくありませんから、ダブルで損失が膨らむということもあります。

いずれにしても、このように、特別利益と特別損失を考慮して出たものが、**「税金等調整前当期純利益」**となります。花王の場合は、前の期は１１４９億３９００万円、この期は１２６７億６１００万円ですから、10・３％伸びていることになります。

◆「当期純利益」――投資家が最も重視する最終利益

　ようやく損益計算書の末尾に近づいてきました。最終利益を見る前に、ここまでの流れを復習してみましょう。一番上に「売上高」がありました。そこから、売り上げた商品や製品、サービスを作り出すために直接かかった費用である「売上原価」を差し引いて、「売上総利益」が出ます。売上原価は、作ったもの、仕入れたもののうち、売れた分だけ計上されることを忘れないでくださいね。そして、売上総利益から「販売費及び一般管理費」を差し引いたものが「営業利益」となります。本業で儲けた利益です。

　そこから、本業以外での収益（「営業外収益」）や費用（「営業外費用」）を足し引きして、「経常利益」が出ます。さらに一過性の利益と損失（「特別利益」と「特別損失」）を調整して、「税金等調整前当期純利益」となります。最終利益である「当期純利益」が出るまで、あともう少しです。

　税金等調整前当期純利益の下には、「法人税、住民税及び事業税」「法人税等調整額」という項目が並んでいます。上場企業の場合には、実際に支払う税金額とともに、「税効果会計」

という処理方法で、理論的に支払うべき税金額を計算するのですが、少しややこしいのでここでは詳しい説明は省きます。いずれにしても、ここで税金額を調整していると考えてください。

その下には「少数株主利益」があります。第1章の69ページで、子会社の説明をしました。連結を行うとき、子会社の勘定科目はすべて親会社と合算されるのでしたね。ところが、すべて合算してしまうと、子会社の少数株主に本来帰属すべき利益も合算されてしまいます。

なぜかと言いますと、親から見て100%の子会社でも、70%の子会社でも、同じように子会社の利益が合算されてしまっているからです。100%子会社であれば、すべて合算されても問題ありませんが、70%子会社の場合は、すべて合算してしまうと、本来ほかの株主に帰属すべきである利益の30%分も足し合わされてしまいます。つまり、合算しすぎてしまうのです。その分を除外するために、「少数株主利益」という項目で差し引いて調整するのです。もちろん、子会社が損失を計上した場合は、ここでその分を足し戻します。

以上の調整をして、最終利益が出ます。この金額は、貸借対照表の純資産の部にある「利益剰余金」にいったん入り、そこから株主に配当が配られます。ですので、**投資家が最も重**

視するのは、営業利益でも経常利益でもなく、純利益になります（ROEを計算する際に、使う利益はこの純利益でしたね）。

◆事業別・地域別のセグメント情報でより詳しく分析

ここからは、損益計算書のより詳しい分析方法について説明していきます。

さまざまな事業を展開している会社や、海外展開をしている会社については、決算短信の後ろのほうのページに掲載されている**「セグメント情報」**にも目を通すことが大切です。

セグメント情報には、**国や地域別の売上高や利益をまとめた「地域別セグメント」**と、**事業ごとにまとめた「事業別セグメント」**があります。ここから、どの事業・地域の業績が伸びているか、または落ち込んでいるかを詳しく調べると、より正確な状況を読み取ることができます。

ここで、セブン&アイ・ホールディングスの平成27年2月期決算のセグメント情報を見て

◆図3-5 セブン&アイ・ホールディングスの事業別セグメント情報（平成27年2月期）の抜粋

（単位：百万円）

	報告セグメント						
	コンビニエンスストア事業	スーパーストア事業	百貨店事業	フードサービス事業	金融関連事業	通信販売事業	その他の事業
営業収益							
外部顧客への営業収益	2,727,130	2,003,785	872,650	80,209	146,593	185,525	23,053
セグメント間の内部営業収益又は振替高	650	8,390	2,376	770	31,628	277	30,844
計	2,727,780	2,012,176	875,027	80,980	178,221	185,802	53,897
セグメント利益又は損失（△）	276,745	19,340	7,059	44	47,182	△7,521	3,669

みましょう。

まずは事業別セグメントです（図3－5）。売上高は、「外部顧客への営業収益」と「セグメント間の内部営業収益又は振替高」に分けられていますね。前者は、自社以外に販売したときに入った売上高です。例えば、他社に卸したり、消費者に販売したりした場合に得た売上高になります。

後者は、社内間で取引した場合に発生した売上高です。同じグループ内で海外に商品を輸出した場合は、こちらに含まれます。どちらの項目を見るべきかはケースバイケースですが、お客さまへの売上を調べたい場合は「外部顧客への営業収益（売上高）」を見ます。一方、自社内での事業の規模などを見る場合には、後者のほうが適切な場合があります。

セブン&アイ・ホールディングスの事業別セグメントはどのようになっているでしょうか。

「外部顧客への営業収益」を見ますと、最も大きいのが「コンビニエンスストア事業」の2兆7271億3000万円。皆さんもご存じのように、セブン‐イレブンが主力事業であることが分かります。次いで大きいのが「スーパーストア事業」の2兆37億8500万円。イトーヨーカ堂やヨークマートなどが含まれる事業です。

しかし、注目すべきは「セグメント利益又は損失（△）」の項目です。主力のコンビニ事業が最も多い2767億4500万円となっていますが、次いで大きいのが、意外にも「金融関連事業」471億8200万円なのです。これはセブン銀行などが含まれます。金融業は利益率が非常に高いのです。

一方、コンビニ事業に匹敵する売上を得ているスーパーストア事業のセグメント利益は193億4000万円しかありません。同じ程度の売上高のコンビニ事業と比べて、利益は10

分の1以下です。スーパーは利益率が低く、儲からない事業であることが分かりますね。

続いて、地域別セグメントを見てみると、売上高６兆３８９億４８００万円のうち、日本が占める割合は65・２％。海外比率は34・８％となっています。海外比率が高いほど、為替変動の影響を受けやすいですが、市場拡大の期待は低成長の日本よりはあると言えます。

特にどの地域が伸びているかというと、北米です。外部顧客への営業収益、営業利益ともに増えています。一方、日本とその他の地域（中国含む）は減益となっています。

北米が伸びている理由は、円安ドル高の影響で売上の円換算額が増えていることと、北米の景気自体が回復していることが相まっているのではないかと考えられます。

業績の流れを見るには、最低3期分の損益計算書を調べる

損益計算書には通常、その期と前の期の数字しか出ていませんから、それだけでは正確な流れを見ることができません。ですから、損益計算書は3期分の数字を見比べるようにしてください。売上高はどれだけ伸びているのか、それぞれの利益率が改善しているのか。売上

高などの「金額」が伸びているのか、あるいは、売上総利益率のような「率」が改善しているのか。それらの点を調べるのです。

その会社の流れを把握した上で、今度は業績のベースとなる経済情勢にも注意が必要です。例えば、日本では2011年3月11日に東日本大震災が起こりました。それを境に、一部の製造業では業績が大幅に落ち込みました。これは会社のせいではなく、震災や原発事故といった外的要因があったからです。

また、2008年9月には、米国でリーマンショックが起こりました。そこから大不況が世界中を襲い、日本経済も急減速したのです。

どんなに大きな会社であっても、社会や経済の大きな流れに勝てる会社はありません。「会社」という言葉が「社会」という言葉の逆になっていることからも分かるように、会社は社会の一部です。経済情勢や世の中のニュースにも、注意し続けることが大切です。

◆◆◆◆◆ 同業他社の業績と比べてみる

損益計算書は、同業他社の数字とも見比べることが大切です。

ここまで説明してきたような、それぞれの会社の売上原価率や売上高営業利益率などを計算してみるのです。そうしますと、各社がどれだけ効率よく稼いでいるか、どのように利益を上げているかが分かります。大きな差が出る場合は、どのような事業を行っているか、セグメント情報をチェックしてみることも大切です。

例えば、同業他社と比べて売上原価率は低いけれど、販管費率が高いA社があるとします。ここから、A社は製品の開発や品質よりも、広告宣伝にお金をかけて自社の製品をアピールしている会社かもしれない、と読み取ることができるのです。もちろん、それで業績を伸ばしていても、お客さまにとっていいかどうかは別の話です。

逆に、売上原価率が高く、販管費率が低いB社があるとしますと、こちらの製品は品質が高い可能性があります。同業種ですと、売上原価率や販管費率などはある程度横並びですが、それだけに他社と際だった違いがあれば、そこは要注目ポイントです。

上場企業であれば、インターネットで会社の財務諸表（**「会社名　決算短信」で検索するとよい**）が簡単に閲覧できますので、ぜひ調べてみてください。

【③「将来性」を分析するときのチェックポイント】

三つめの財務諸表「キャッシュフロー計算書」の説明に入ります。

これは、会計期間内にどれだけの「キャッシュ＝現金」が出入りしたか（増減したか）、つまり会社のキャッシュの流れをまとめたものです。そして、本書では、その基本の読み方と、この表から会社の「将来性」を読み取る方法を解説します。

◆◆◆◆◆◆ なぜ「キャッシュフロー計算書」が必要か？

上場企業では、２０００年3月期決算から開示が義務付けられました。日本で使われるようになったのは、実はけっこう最近のことなのです。

なぜキャッシュフロー計算書が必要かというと、**「利益と実際のキャッシュフローは一致しない」**ことが多いからです。

例えば、9億円の費用をかけて作った製品を10億円で販売したとします（利益は10－1＝1億円になりますね）。売上高や利益は製品やサービスが提供された時点で計上しますので、売上高10億円と利益1億円はその期の損益計算書に計上されます。

一方、10億円のキャッシュ（製品を販売した代金）はその時点でもらえるとは限りません。「実際にお金が振り込まれるのは、製品やサービス提供（売上計上）の数カ月後」ということはビジネスではよくあります。

仮に製品を販売した期中に代金を1円ももらえなかった場合、損益計算書上では1億円の利益が出ているけれど、実際に手元にあるお金は、費用を現金で払ったとしたら9億円分のマイナスということになります。

つまり、**損益計算書だけでは、手元にあるお金がいくら増減したのか分からない**のです。利益が出ていても、回収していないお金が増えれば、キャッシュフローはマイナスになります。そのマイナス分が大きくなると、場合によっては資金繰りに窮し、いわゆる「黒字倒産」ということになってしまうこともあるのです。

こうした損益計算書や貸借対照表だけでは分からない、会社の「現預金」の流れを示したのがキャッシュフロー計算書ですが、この表からは、じつは会社の「将来性」を知ることもできます。

ではどうすれば「将来性」を調べることができるのか。ここではまずキャッシュフロー計算書の基本構造を説明しておきましょう。

◆◆◆◆◆「キャッシュフロー計算書」の基本構造を知る

キャッシュフロー計算書は、次の三つのセクションに分かれています。

①営業活動によるキャッシュフロー（営業キャッシュフロー）
②投資活動によるキャッシュフロー（投資キャッシュフロー）
③財務活動によるキャッシュフロー（財務キャッシュフロー）

「①営業活動によるキャッシュフロー（営業キャッシュフロー）」は、通常の業務で、どれくらいのお金が、どのような形で出入りしているかがまとめられています。

「②投資活動によるキャッシュフロー（投資キャッシュフロー）」は、その会社が投資にどれくらいのお金を使い、どれくらい投資から回収できているかをまとめた部分です。例えば設備投資をした場合はお金が出ていきますからマイナス、保有している有価証券を売却した場合は逆にお金が入ってきますからプラスになります（投資キャッシュフローでは、設備投資や企業買収などの投資のほかに、3カ月以上の定期預金や有価証券の取得、売却などのファイナンス的な投資によるキャッシュの出入りも記載されます）。

最後の「③財務活動によるキャッシュフロー（財務キャッシュフロー）」は、文字通り財務活動によってどのくらいの資金を得ているか、あるいは使っているかを表しています。銀行からお金を借りた場合や増資した場合などはプラス、自社株の買入れや株主配当、借入金の返済はマイナスになります。

この三つのセクションごとにキャッシュフローの増減を集計したあと、それを合算し、最終的にどれだけキャッシュが増減したか（「現金及び現金同等物の増減額」）を計算します。

さらに、一つ前の期末（＝今期の期首）時点で持っていたキャッシュ額（「現金及び現金同等物の期首残高」）に、その会計期間中のキャッシュの増減額を足すことで、最終的に期末時点でのキャッシュ額（「現金及び現金同等物の期末残高」）が分かる、という仕組みになっています。

次からは、三つのセクションをそれぞれ詳しく説明していきます。損益計算書、貸借対照表と同様に、花王のキャッシュフロー計算書を例にとります。

◆◆◆◆◆「当期純利益」から現金の出入りを調整していく

まずは「営業キャッシュフロー」です。

左のページに掲載した花王の「営業活動によるキャッシュ・フロー」をご覧ください。それぞれの項目の金額は、その会計期間内にキャッシュがどれだけ増減したかを示しています。「△」がついているものは、キャッシュが減ったものです。

一番上の項目は「税金等調整前当期純利益」となっていますね。これは、損益計算書の「税金等調整前当期純利益」（38ページ参照）とまったく同じものです。営業キャッシュフローは、これに実際の現金の出入りを調整して算出します（これは「間接法」と言います。「直接法」で現金の増減した取引から計算する方法もありますが、そのほうが煩雑になって

◆図3-6　花王の営業キャッシュフロー（平成26年12月期決算）

（単位：百万円）

	前連結会計年度（自　平成25年1月1日　至　平成25年12月31日）	当連結会計年度（自　平成26年1月1日　至　平成26年12月31日）
営業活動によるキャッシュ・フロー		
税金等調整前当期純利益	114, 939	126, 761
減価償却費	77, 297	79, 660
固定資産除売却損益（△は益）	2, 644	2, 706
事業譲渡損益（△は益）	△350	−
受取利息及び受取配当金	△1, 133	△1, 014
支払利息	1, 213	1, 295
為替差損益（△は益）	381	△1, 220
持分法による投資損益（△は益）	△2, 272	△2, 225
売上債権の増減額（△は増加）	△2, 415	△10, 953
たな卸資産の増減額（△は増加）	△5, 405	△12, 397
仕入債務の増減額（△は減少）	3, 505	6, 715
未払金及び未払費用の増減額（△は減少）	16, 819	2, 048
その他	1, 481	1, 404
小計	206, 704	192, 780
利息及び配当金の受取額	3, 070	2, 882
利息の支払額	△1, 200	△1, 250
法人税等の支払額	△29, 829	△49, 294
営業活動によるキャッシュ・フロー	178, 745	145, 118

しまうので、日本をはじめ多くの国では「間接法」を採用しています）。

具体的にどう計算していくかというと、損益計算書で純利益を計算した際に、

①実際にはお金が入ってきていないのに、売上高に計上した収益　↓引く

②実際にはお金が入ってきているのに、売上高に計上しなかった取引　↓足し戻す

③実際にはお金が出ていったのに、費用として計上していなかった取引　↓引く

④実際にはお金が出ていっていないのに、引いていた費用　↓足し戻す

⑤在庫の増減など、損益計算書とは関係のない資産、負債の増減を調整する

ということをします。ちょっとややこしいですね。もう少し具体的に説明しましょう。

例えば、損益計算書の売上高の中には、売ったけれど現金は回収していない「売掛金」が含まれています。これは「①実際にはお金が入ってきていないのに、売上高に計上した収益」ですよね。したがって、キャッシュがどれだけ増減したかを正確に知るには、売上高から、売掛金を引き算しなければなりません。

逆に、前の期以前に売って、この期に回収したお金（②実際にはお金が入ってきているのに、売上高に計上しなかった取引）もありますから、その分は足し算して調整する必要があります。

花王のキャッシュフロー計算書を見ますと、「売上債権の増減額」という項目があります。ここで、売掛金などを調整しているのです。マイナス109億5300万円計上されています。マイナスということは、この分の現金が出ていってしまったということですから、今期より前に発生した売掛債権を回収した分より、今期に新たに売掛債権となった分のほうが多いというわけです。

同じように、費用の中でも、買ったけれど買掛金などとなって支払っていないもの（④実際にはお金が出ていっていないのに、引いていた費用）がありますから、それは足し算します。逆に、前の期に買って買掛金にしていたものを、この期に支払った分（③実際にはお金が出ていったのに、費用として計上していなかった取引）もありますから、それは引き算します。

花王では、「仕入債務の増減額」という項目で、67億1500万円計上されています。プラスの金額（＝現金が入ってきている）となっていますので、買掛債務を払った分より、新たに買掛債務になった分が多いということです、その分だけキャッシュフローが良くなっているのです。

在庫を増やせば増やすほど、営業キャッシュフローは悪化する

少しややこしいのは、税金等調整前当期純利益のすぐ下にある「減価償却費」という項目かもしれません。これは221ページの①〜⑤のどれにあたるか分かりますか？

201ページのコラムの復習になりますが、減価償却とは、長期間にわたって使う資産に

関しては、使う期間に応じて資産価値を落とし、その分を毎年費用として計上していくという考え方でしたね。その価値を減らした分を「減価償却費」と言います。

仮に10年使える機械を1億円で購入したとしたら、その会計年度に1億円を一度に費用として計上するのではなく、1億円÷10年＝１０００万ずつを毎年、損益計算書に費用として計上していくわけです。このとき、損益計算書上は１０００万円の費用が計上されますが、実際にお金が出ていくわけではありません（購入にかかったキャッシュの流出の1億円は、購入時に「投資キャッシュフロー」で「有形固定資産の取得」という項目に計上されます）。

そこで、キャッシュフロー計算書では、**「減価償却費を足し戻す」**という調整を行うのです。つまり、減価償却費は、「④実際にはお金が出ていっていないのに、引いていた費用」にあたるのです。

もう一つ、在庫（たな卸資産）も重要なポイントです。在庫が増えれば増えるほど、営業キャッシュフローは悪化するからです。

１９０ページの「売上原価」の説明を思い出してください。製品の原材料の購入や商品の仕入れにかかったお金は、そのまますべて売上原価になるのではなく、それらはいったんすべて貸借対照表の「たな卸資産（在庫）」になり、そのうち売れた分だけが売上原価に計上されていくのでした。もし、まったく売れなくても、仕入れだけを行えば、その分は損益計算とはまったく関係ありませんが、しかし、たな卸資産購入分は現預金が減少します（買掛金になる場合ももちろんあります）。

資産項目が入れ替わる（この場合だと、たな卸資産の増加、現預金の減少）といった場合にも、キャッシュフローは変動します。ですから、たな卸資産の金額というのは、「⑤在庫の増減など、損益計算書とは関係のない資産、負債の増減を調整する」などでキャッシュフローが変わる場合に該当します。したがって、営業キャッシュフローを計算するときは、この分も調整しなければならないのです。

「営業キャッシュフロー」——プラスになっていることが重要

営業キャッシュフローは、経営していく上で必ずプラスの数字になっていなければなりません。なぜかと言いますと、**会社が継続的にキャッシュを稼ぐ源泉は、この営業キャッシュフローしかない**からです。もちろん、別のところで資金を調達することもできますが、それは資産を売却したり、増資や借金をしたりするということを意味します。

1期くらいであれば、営業キャッシュフローがマイナスになっても問題は大きくなりませんが、それが連続してしまうと、会社は立ち行かなくなります。キャッシュがなくなると、会社は潰れるからです。

そもそも、会社が固定資産を買ったり、借金を返済できたりするのは、源泉となる営業キャッシュフローがきちんと稼げているからです。ですから、キャッシュフロー計算書の三つのセクションの内、この営業キャッシュフローだけはプラスになっていなければならないのです。

◆◆◆◆◆「キャッシュフローマージン」――営業キャッシュフローを十分稼げているか？

ではどの程度のプラスが出ていればいいのでしょうか。再び花王の営業キャッシュフローをチェックすると、1451億1800万円のプラスを出していますが、これは多いのでしょうか、それとも少ないのでしょうか。

これを評価するためには、「キャッシュフローマージン」という指標を計算します。次の式から求めます。

キャッシュフローマージン＝営業キャッシュフロー÷売上高

私は経験上、このキャッシュフローマージンが7％以上あれば合格、10％を超えれば優良企業と判断しています。花王の場合は、営業キャッシュフロー1451億1800万円÷売上高1兆4017億700万円＝キャッシュフローマージン10・4％と計算できます。十分高い水準ですね。成長のための原資を稼ぐことができているとも見ることができます。

「投資キャッシュフロー」――どれだけ積極的に投資をしているか？

二つめのセクション「投資活動によるキャッシュ・フロー（投資キャッシュフロー）」とは、会社が投資にどれくらいの資金を使ったかと、投資したものをどれくらい売却し資金を回収しているかをまとめた部分です。花王の場合は、合計でマイナス638億800万円となっていますね。その分、投資によって現金が出ていったということです。通常の場合、投

◆図3-7　花王の投資キャッシュフロー（平成26年12月期決算）

（単位：百万円）

	前連結会計年度 （自　平成25年１月１日 至　平成25年12月31日）	当連結会計年度 （自　平成26年１月１日 至　平成26年12月31日）
投資活動によるキャッシュ・フロー		
定期預金の預入による支出	△4,802	△2,125
定期預金の払戻による収入	7,190	88
有価証券の取得による支出	△7,998	－
有価証券の売却及び償還による収入	13,000	－
有形固定資産の取得による支出	△55,672	△51,151
無形固定資産の取得による支出	△4,882	△4,507
長期前払費用の取得による支出	△5,316	△4,472
短期貸付金の増減額（△は増加）	823	△19
長期貸付けによる支出	△419	△546
連結の範囲の変更を伴う子会社株式の取得による支出	△891	－
その他	1,189	△1,076
投資活動によるキャッシュ・フロー	△57,778	△63,808

資キャッシュフローはマイナスとなります。

「投資活動」は、大まかに分けて2種類あります。一つは、事業を行う上で必要な投資です。例えば、土地や建物などの固定資産やソフトウエアなどの無形資産を購入することです。会社の買収なども含まれます。もう一つは、ファイナンス的な投資で、3カ月以上の定期預金や長期にわたる株式投資などが含まれます。

投資をすればお金が出ていきますから、こうした投資はすべてキャッシュフローのマイナスになります。一方、保有している株式や設備を売却したりしたときはプラスになります。ファイナンス的な投資は回収を考えればほぼニュートラルですが、事業上の投資は通常は、その資産の売却による回収は前提としていませんから、投資キャッシュフローはマイナスとなるのです。さらには、ファイナンス的な投資は、大方の企業ではそれほど多くはありませんから、投資キャッシュフローがプラスの状態（投資より回収のほうが多いという場合）には、その中身を吟味する必要があります。

営業キャッシュフローがプラスにならなければいけないのに対し、**投資キャッシュフローはマイナスが通常の状態です。**それだけ積極的に投資している、会社の未来のためにお金を使っている、と考えられるからです。**逆にプラスになった場合は要注意で、資金繰りに困って設備などを大量に売却している恐れがあります。**

ファイナンス的な投資およびその回収は通常はニュートラルかそれほど多額ではない場合が多く、設備投資額にあたる「有形固定資産の取得による支出」のほうが大きくなりますから、投資キャッシュフローはマイナスになります。花王の「有形固定資産の取得による支出」も、マイナス511億5100万円計上されており、マイナス額になっていますね。

「財務キャッシュフロー」――ファイナンスの状況は？

三つめの「財務活動によるキャッシュ・フロー（財務キャッシュフロー）」は、大まかに

◆図3-8　花王の財務キャッシュフロー（平成26年12月期決算）

（単位：百万円）

	前連結会計年度（自 平成25年1月1日 至 平成25年12月31日）	当連結会計年度（自 平成26年1月1日 至 平成26年12月31日）
財務活動によるキャッシュ・フロー		
短期借入金の純増減額（△は減少）	△2,311	△273
長期借入れによる収入	19	20,001
長期借入金の返済による支出	△9	△20,009
社債の発行による収入	50,000	−
社債の償還による支出	△50,000	−
自己株式の取得による支出	△30,039	△50,044
配当金の支払額	△33,824	△33,856
少数株主への配当金の支払額	△1,161	△1,107
その他	△134	266
財務活動によるキャッシュ・フロー	△67,459	△85,022
現金及び現金同等物に係る換算差額	13,032	4,776
現金及び現金同等物の増減額（△は減少）	66,540	1,064
現金及び現金同等物の期首残高	160,435	227,598
新規連結に伴う現金及び現金同等物の増加額	623	−
現金及び現金同等物の期末残高	227,598	228,662

分けて**「ファイナンスの状況」「株主への還元状況」**の二つがまとめられています。

「ファイナンスの状況」とは、例えば、どれくらいの借金をして現金が入ってきたか、どれくらいの借金を返して現金が出ていったか。また、社債を償還して出ていった金額、株式を発行して得た金額などが含まれます。

もう一つの「株主への還元状況」は、株主への配当金の支払いや、自社株買いでどのくらいのお金が出ていったかです（自社株買いがなぜ株主への還元になるかについては、95〜96ページを読み返してみてください）。

花王の場合を見てみましょう。財務キャッシュフローはマイナス850億2200万円となっていますね。どこで現金が出ていったのか内訳を見ますと、

「自己株式の取得による支出」マイナス500億4400万円と、「配当金の支払額」マイナス338億5600万円です。

この理由は、株主への還元を厚くするとともに、まさにROEを上げるためではないかと思われます。第2章の復習になりますが、自社株買いや配当の支払いをすると、株主資本のマイナスとなりますから、自己資本比率が下がって、ROEが上がるからです。

財務キャッシュフローは、基本的にマイナスになるほうが健全です。なぜかと言いますと、借入金と返済金が同額の場合（あるいは、どちらもない場合）は、株主還元分だけマイナスになるからです。株主にとって、配当金が支払われることは喜ばしいことです。

逆に、これがプラスになるときは、借入金が増えているということですから、その状態が続くことは、健全ではありません。増資（61ページ参照）によって資金を調達した場合も、株数が増加して1株あたりの価値が下がりますから、既存の株主には好ましいことではありません。

◆◆◆◆◆◆「未来投資」を十分行っているかどうかを調べる方法

ここからは、キャッシュフロー計算書からどのようにして企業の「将来性」を読み取ればいいかについて説明していきます。

将来性を探る上での大きなポイントは、一つは、先にも述べたように、十分な営業キャッシュフローを稼いでいるかどうかです。それが投資の原資となるからです。さらには、その会社が「未来への投資」を十分にしているかどうかを知ることです。では、それはどうしたら分かるのでしょうか。

私がチェックするのは、「設備や機械といった資産の価値の目減り分」以上の設備投資をしているかどうかです。より具体的には、投資キャッシュフローにある「有形固定資産の取得による支出」と、「有形固定資産の売却による収入」との差額と、営業キャッシュフローにある「減価償却費」を比べます。

有形固定資産の取得というのは、ほとんどの場合「設備投資」です。「有形固定資産の取得による支出」から「有形固定資産の売却による収入」を引くことで、設備投資に純額でいくら使っているかが分かります。一方、減価償却費というのは資産価値の目減り分です。

企業がさらに成長していくためには、資産の目減り分を上回る設備投資をしていかなければなりません。したがって、次のように考えられます。

- **有形固定資産の購入と売却の差額 ＞ 減価償却費 ……未来への投資が十分**
- **有形固定資産の購入と売却の差額 ＜ 減価償却費 ……未来への投資が不十分**

花王の場合を見てみましょう。「有形固定資産の取得による支出」はマイナス511億5100万円、「有形固定資産の売却による収入」はありませんから、差額はそのまま511億5100万円となります。

一方、「営業活動によるキャッシュ・フロー」にある「減価償却費」は796億6000万円です。減価償却費のほうが多くなっていることが分かります。これを見るかぎり、花王は未来への投資を十分にできていないというふうにも見えます。カネボウの化粧品部門買収以降、のれん（131ページ参照）の償却等がかさんでいるということも一つの原因です。

◆◆◆◆◆◆「フリーキャッシュフロー」――会社が「自由に使えるお金」はいくらあるか？

もう一つ、「**フリーキャッシュフロー（FCF）**」という考え方があります。

これは文字通り、会社が自由に使えるお金のことです。

会社にとって三つの大きな役割があり、一つは、未来への投資にあてられるということです。自由に使えるお金があれば、事業を現状維持する以上の投資を行うことができます。

さらには、財務改善や株主還元にあてられることです。借入金がある場合、フリーキャッシュフローを使って返済できますし、配当や自社株買いなどによって株主に還元することもできます。**フリーキャッシュフローは、真の企業の実力値**と言えますから、これをいかに稼げるかが、成長の鍵を握るのです。

では、フリーキャッシュフローはどのように計算するのでしょうか。定義は二つありますが、一般的には次の式を使います（日経新聞などではこの定義を使って計算しています）。

定義１　フリーキャッシュフロー＝営業キャッシュフロー－投資キャッシュフロー（のマイナス分）

花王の場合は、営業キャッシュフロー１４５１億１８００万円から投資キャッシュフローのマイナス分６３８億８０００万円を引いた８１３億１０００万円がフリーキャッシュフローとなります。

もう一つの定義は、専門家が使うものですので、少し複雑な式になります。

定義２　フリーキャッシュフロー＝営業キャッシュフロー－現事業を維持するために必要なキャッシュフロー

投資キャッシュフローには、①**現事業維持のために必要なキャッシュフロー**、②**未来投資**、③**３カ月を超える財務的な投資（定期預金や社債、長期での株式購入など）**の三つが含まれています。

ただ、これらのうち②と③は、本来は自由に使える余剰資金から投資されるものです。したがって、定義1のように営業キャッシュフローから②と③を含んだ投資キャッシュフローすべてをそのまま引いてしまうと、本来フリーキャッシュフローに含まれる資金まで引いてしまうわけですから、本来のフリーキャッシュフローより少なく計算されてしまうのです。

では、なぜ定義1が一般的に使われているかというと、ほとんどの会社は②未来投資や③3カ月を超える財務的な投資がそれほど大きくないので、定義1のように営業キャッシュフローから投資キャッシュフローをそのまま引いてしまっても、あまり大差ない金額が出てくるからです。

また、「現事業を維持するために必要なキャッシュフロー」を企業外部の人が知るのは簡単ではないという問題もあります。

キャッシュフロー計算書の健全な姿とは？

キャッシュフロー計算書は、「稼ぐ」と「使う」のバランスが重要です。

◆図3-9　バランスのよいキャッシュフロー計算書

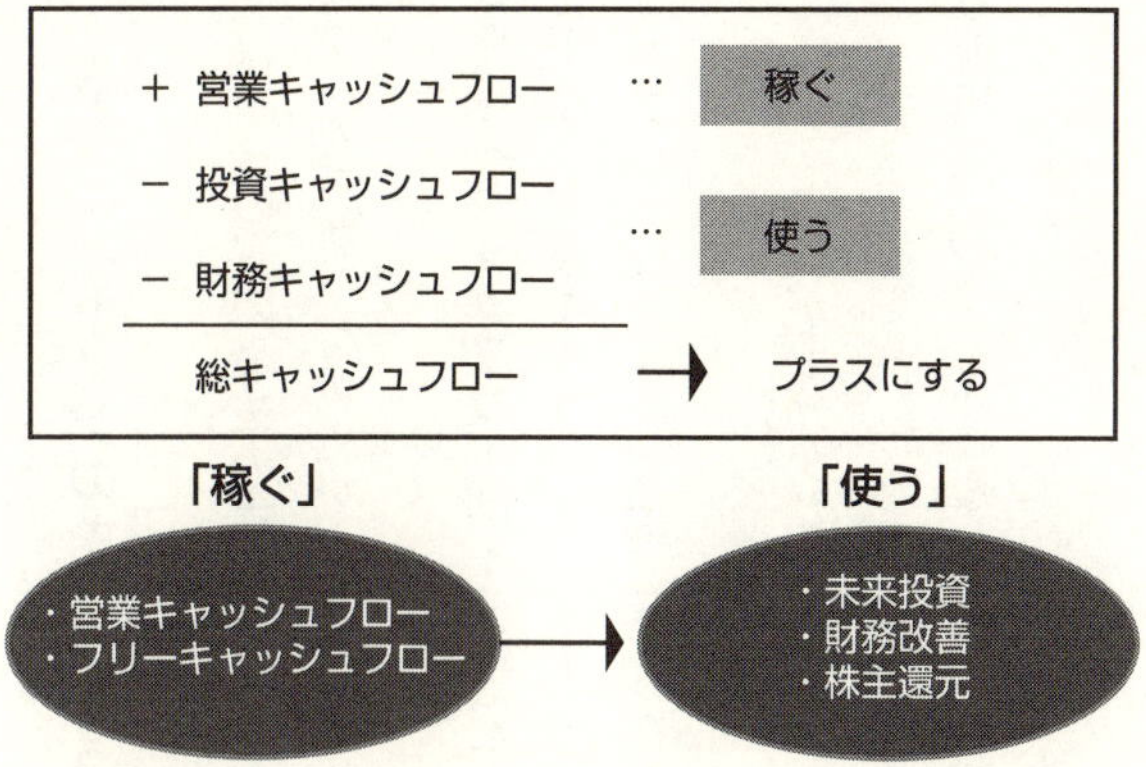

営業キャッシュフローで「稼いで」、投資キャッシュフローと財務キャッシュフローで「使う」のです。

稼いだ分より多く使いすぎるのも危険ですが、逆に、たくさん稼いで貯め込んでしまうのもよくありません。稼いだら、未来への投資や財務改善、株主還元に使うのです。これらのバランスが取れていれば、会社は成長していきます。

営業キャッシュフローがプラスになっており、その範囲内で投資キャッシュフローと財務キャッシュフローのマイナスをまかなっている（三つの合計はプラス）というのが、バランスのよいキャッシュフロー計算書です。

◆◆◆◆◆ 最後にキヤノンのキャッシュフロー計算書を分析する

では、この章の最後の実践編として、キヤノンのキャッシュフロー計算書（平成26年12月期決算）を分析してみたいと思います。

①営業キャッシュフローは十分稼いでいるか？

まずは、営業キャッシュフローがプラスになっているか確認します。キヤノンの営業キャッシュフローは5839億2700万円ですから、ちゃんとプラスの金額になっていますね。

次に、この額が十分かどうかを判断するために「キャッシュフローマージン（営業キャッシュフロー÷売上高）」を計算しますと（キヤノンのこの期の売上高は3兆7272億5200万円）、15・7％となります。合格ラインは7％以上ですから、十分に稼いでいる水準だと言えます。

◆図3-10 キヤノンのキャッシュフロー計算書(平成26年12月期)

（5）連結キャッシュ・フロー計算書　　　　（単位 百万円）

	2013年12月期 (2013年1月1日～ 2013年12月31日)	2014年12月期 (2014年1月1日～ 2014年12月31日)
Ⅰ 営業活動によるキャッシュ・フロー		
非支配持分控除前当期純利益	239,516	265,239
営業活動によるキャッシュ・フローへの調整		
減価償却費	275,173	263,480
固定資産売廃却損	10,638	12,429
法人税等繰延税額	16,791	8,929
売上債権の減少	45,040	9,323
たな卸資産の減少	85,577	59,004
買入債務の減少	△108,622	△24,620
未払法人税等の増加（△減少）	△9,432	3,586
未払費用の増加（△減少）	△15,635	11,124
未払（前払）退職及び年金費用の減少	△15,568	△6,305
その他－純額	△15,836	△18,262
営業活動によるキャッシュ・フロー	507,642	583,927
Ⅱ 投資活動によるキャッシュ・フロー		
固定資産購入額	△233,175	△218,362
固定資産売却額	1,763	3,994
売却可能有価証券購入額	△5,771	△311
売却可能有価証券売却額及び償還額	4,528	2,606
定期預金の増加－純額	△12,483	△14,223
子会社買収額（取得現金控除後）	△4,914	△54,772
投資による支払額	△296	－
その他－純額	136	11,770
投資活動によるキャッシュ・フロー	△250,212	△269,298
Ⅲ 財務活動によるキャッシュ・フロー		
長期債務による調達額	1,483	1,377
長期債務の返済額	△2,334	△2,152
短期借入金の減少－純額	△547	△54
配当金の支払額	△155,627	△145,790
自己株式取得－純額	△50,007	△149,813
その他－純額	△15,149	△4,454
財務活動によるキャッシュ・フロー	△222,181	△300,886
為替変動の現金及び現金同等物への影響額	86,982	41,928
現金及び現金同等物の純増減額	122,231	55,671
現金及び現金同等物の期首残高	666,678	788,909
現金及び現金同等物の期末残高	788,909	844,580

「未来投資」はやや不足？

プラスを確保

株主還元

最終的な残高はプラス

②「未来への投資」を十分に行っているか？

続いて、投資キャッシュフローに注目します。

設備投資の純額は、「有形固定資産の取得による支出」と「有形固定資産の売却による収入」の差額を見るのでしたね。

キヤノンの場合、「固定資産購入額」2183億6200万円から「固定資産売却額」39億9400万円を差し引くと、2143億6800万円となります。設備投資はけっこうやっていると言えます。

しかしこれは、「減価償却費」2634億8000万円を下回りますから、「未来への投資」という意味ではこの期は不十分だったと言えるかもしれません（正確に判断するには、数期にわたって分析することが必要です）。

③「株主への還元」はどれくらい行っているか？

フリーキャッシュフローを「営業キャッシュフロー－投資キャッシュフロー」で計算すると、3146億2900万円もあります。

そこで財務キャッシュフローを見ますと、「配当金の支払額」に1457億9000万円、

「自己株式取得」に1498億1300万円使っていることが分かりますね。つまり、フリーキャッシュフローとほぼ同じぐらいの金額を株主への還元に使っているわけです。

特に、「自己株式取得」は、前の期より大幅に増えています。これも、やはりROEを上げるために自社株買いを行っている可能性があります。

④最終的な残高はプラスになっているか？

最終的にキャッシュフローは556億7100万円増え、「現金及び現金同等物の期末残高」は8445億8000万円となりました。

以上のことから、キヤノンのキャッシュフロー計算書は、まずまずバランスが良いと言えると思います。

ここまで、貸借対照表、損益計算書、キャッシュフロー計算書を使っての経営指標の説明や、財務諸表分析を行ってきました。皆さんも自社や興味ある会社の財務諸表を使って分析をしてみてください。

経営指標を勉強する際には、定義をしっかりと理解することと、標準値を覚えることが大切ですが、流動比率や自己資本比率など、業界によって大きな差がある指標もあります。まず、自社の財務諸表をベースに、いろいろな会社を見てみるといいでしょう。

第4章

［発展編］ワンランク上の経営指標を学ぶ

――これが分かれば、ファイナンス上級者！

第1章が「初級編」、第2章と第3章が「中級編」だったとすると、第4章はまさに「上級編」です。ここでは、以下の三つの指標または概念に触れたいと思います。

・会社の適正な値段を計算するための「DCF」と「EBITDA」
・ROEとROAの次に注目されると思われる指標「EVA」

完全に理解できなくてもかまいませんので、ここでは各指標がどのように使われているか、どのような考え方をしているのか、ということまでを頭に入れていただければと思います。

◆◆◆◆◆◆会社の価値を測る指標①「DCF法」

伊藤レポート（89ページ参照）では、「ROEを高めることで、企業価値を向上させていきましょう」と言っています。企業価値とは質的な価値も含まれますが、ファイナンス的にはざっくりと言えば、「会社の値段」のことです。

では、それはどうすれば分かるのでしょうか。

会社の値段というと、一般的には「株式の時価総額」のことだと考えられています。時価総額とは、「１株あたりの株価（時価）×発行済みの株式数」です。要は、そのときどきの株価に株数をかけたものだということです。

しかし、会社を買収するときには、必ずしもこの「時価」で買うわけではないのです。もちろん、時価総額は、企業価値のベースとなりますが、必ずしも「公正」な値段とは言えない場合があるのです。上場株の場合、例えば１億株のうち、１株だけが取引されても、すべての株式の値段が、その取引された一部の株式の値段によって決まってしまうからです。

では、どのように会社の値段を客観的に考えるかと言いますと、多くの場合、**「ディスカウンテッド・キャッシュフロー法（DCF法）」**というものが使われます。これは、M&Aの際にもよく使われる考え方です。

少しややこしいですが、ゆっくり読み進めてください。

まず企業が将来生み出すキャッシュフローを各年分計算します。

次に、それを**「現在価値」**に直します。ここが一番難しいポイントなので、丁寧に説明しましょう。例えば、ここに100万円があったとします。この100万円を、今もらうのと、1年後にもらうのとでは、どちらのほうが得でしょうか？

答えは「今」です。では、その理由はなぜでしょうか？　ここを理解すれば、この項目はほとんどクリアしたと言っても同然です。

鍵となるのは「金利」です。例えば今、安全確実に1％で運用できるとします。税金は説明が複雑になるので計算から除外すると、今の100万円は、1年後には101万円になります。そのとき、皆さんは次のように計算したはずです。

100万円×1・01＝101万円

ということは、1年後の100万円を今の価値（現在価値）に直そうとすると、逆に1・01で割ればいいということになりますね。

◆図4-1 「現在価値」とは？

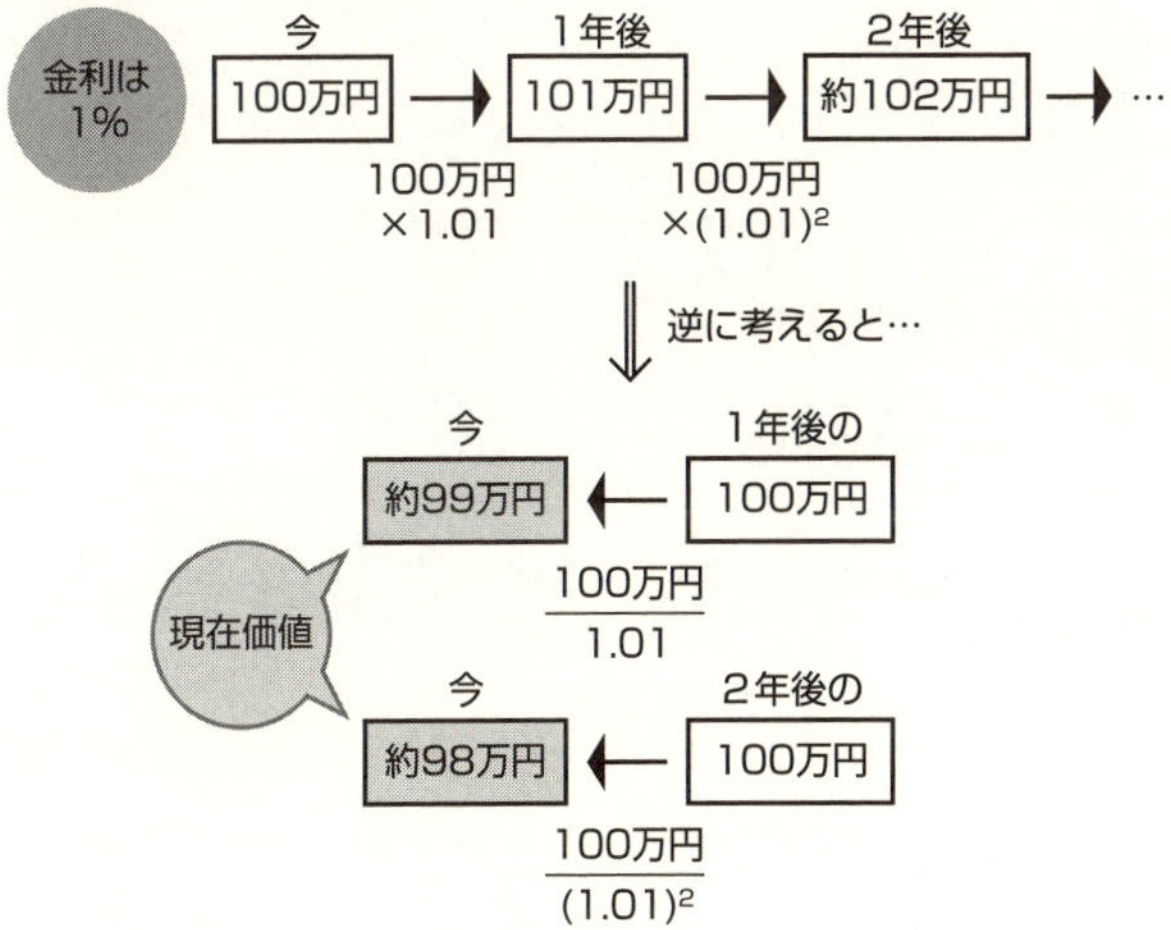

１年後の１００万円の現在価値＝１００万円÷１・０１＝約99万円

念のため、もう一つ例題を出します。１％で運用できるとしますと、２年後の３００万円は現在価値でいくらになるでしょうか？

300万円÷1.01÷1.01＝約294万円

まとめると、

$300万円 \div (1.01)^2 = 約294万円$

となります。これが2年後の３００万円の現在価値ということになります。

◆図4-2　「将来のキャッシュフローの現在価値」の計算法

$$\text{将来のキャッシュフローの現在価値} = \frac{cf_1}{(1+i)} + \frac{cf_2}{(1+i)^2} + \frac{cf_3}{(1+i)^3} + \cdots\cdots$$

cf_n：n年目のキャッシュフロー

i：金利

（例）１年目30億円、２年目40億円、３年目50億円のキャッシュフロー、金利は5%とする

$$\text{将来のキャッシュフローの現在価値} = \frac{30\text{億}}{(1+0.05)} + \frac{40\text{億}}{(1+0.05)^2} + \frac{50\text{億}}{(1+0.05)^3}$$

$$= \text{約}108\text{億円}$$

この要領で会社の価値を計算する場合は、まず将来生み出すキャッシュフローを（1＋金利）で割って足し合わせていきます。n年目のキャッシュフローをcf（n）としますと、左の図のようになります。

これをどこまで足し合わせるかは、ケースバイケースです。企業を買う側、売る側という立場によっても異なります。当然ですが、買う側はできるだけ安く買いたいですから、せいぜい5～10年分くらい、言い換えれば、将来のキャッシュフローを確実に予想できる期間を足し合わせます。一方、売る側は高く売りたいと考えますから、それ以上の年数を足し合わせることがあります。永久価値を計算する場合もあります。

これはルールとして決まっているわけではなく、

開示する必要もまったくありませんので、買収したい人や売却したい人が「その会社の値段は適正か？」を見極めるときに、適宜計算するのです。金利は、買い手側は通常、先に説明したＷＡＣＣ（覚えていますか？　１２０ページ参照）を使います。売却側は、自社の資金調達コストを使う必要はないので、長期の国債金利を使うこともありますが、決まったルールはありません。

また、投資会社のアナリストたちの中にも、自分なりの基準の年数でＤＣＦを使って会社の価値を計算し、それと比べて現在の上場株式の株価が適正かを判断している人たちもいます。

このように将来のキャッシュフローの現在価値を計算したら、会社の値段まであともう一歩です。最後に次のように計算します。

会社の値段＝将来のキャッシュフローの現在価値－ネット有利子負債

「ネット有利子負債」とは、実質的な有利子負債だと考えてください。例えば、借入金や社債などの有利子負債が80億円あり、現預金や短期で運用している有価証券が20億円あるとしますと、60億円が「実質的な有利子負債＝ネット有利子負債」ということになります。
会社を買収しますと、その会社が持つ有利子負債も買収側が引き受けるわけですから、将来のキャッシュフローの現在価値からその分を差し引くのです（非常に長期の買掛金などで、有利子負債の代わりにファイナンスしている場合なども、それを差し引くことがあります）。

会社の値段は、買収する側と売却する側の両方でそれぞれ計算します。先ほども説明した通り、買う側は安く買いたいですし、売る側は高く売りたいですから、当然のことながら、値段が合わなくなります。そこから買収の交渉が始まるのです。例えば、売り手が計算したら100億円となり、買い手が計算すると50億円にしかならない場合もあります。そこから交渉が始まり、折り合わなければ交渉は決裂します。しかし、売り手も買い手も譲歩して「75億円でいいですよ」ということになれば、売買成立です（生鮮市場での競りと同じだと考えてください）。

少し説明が長くなりましたが、ここでは**ＤＣＦ法で算出する会社の値段は、「将来生み出**

すキャッシュフローから実質的な有利子負債を引いたもの」とだけ覚えておいてください。

会社の価値を測る指標②「ＥＢＩＴＤＡ倍率」

ただし、投資ファンドなどは、もう少し違った方法で会社の値段を算出することがあります。**「ＥＢＩＴＤＡ」**という指標を用いる方法です。

「ＥＢＩＴＤＡ（イービット・ディーエー、またはイービッダーと読みます）」は、多くの人にとって耳慣れない言葉だと思いますが、「Earning Before Interest, Tax, Depreciation, Amortization」の略で、日本語では「金利、税、減価償却前利益」となります。簡単に言いますと、**「営業利益に減価償却費を足し戻したもの」**です（ちなみに、Depreciationは有形固定資産の減価償却費で、Amortizationは無形固定資産の減価償却費です）。

先ほど説明したＤＣＦ法を用いるやり方は、会社が将来生み出すキャッシュフローに着目するもので、Ｍ＆Ａなどの未来に向かっての投資には適した考え方ですが、将来のキャッシュフローを予測するのは難しく、計算も複雑で、恣意《しい》的になりやすいという問題点があります。

一方、ＥＢＩＴＤＡは、過去の実際の数字（営業利益＋減価償却費）をベースとしているため、恣意性が少なく、計算も比較的簡単という利点があります。

このＥＢＩＴＤＡを使った会社の値段の計算式は、次のようになります。


会社の値段＝（ＥＢＩＴＤＡ×ｘ倍）－ネット有利子負債

ネット有利子負債を差し引く点はＤＣＦ法と同じで、「ＥＢＩＴＤＡのｘ倍」を「将来のキャッシュフローの現在価値」に置き換えるとまったく同じ式となります。つまり、**「ＥＢＩＴＤＡのｘ倍」は「将来のキャッシュフローの現在価値を類推したもの」**と考えることができます。また、ＥＢＩＴＤＡの「ｘ倍」のことを専門用語では**「ＥＢＩＴＤＡ倍率」**と呼びます。

「ｘ倍」が実際に何倍になるかは、Ｍ＆Ａ市場の活発さによって変わります。

資金がだぶつき気味で、景気が比較的よく、「売り手市場」の場合には倍率が高くなります。逆に、資金不足や景気が悪い場合などには、倍率が下がります。私の経験則では、5倍なら買収に前向きで、7～8倍を超えると高い感じがします。10倍となると、けっこう多くのファンドが二の足を踏むのではないかと思います。

事業会社が企業をM&Aする際にDCF法を使うのは、事業会社が企業を買収する際には自身で被買収企業をコントロールし、そのキャッシュフローや利益を変えることができるからだと私は考えています。一方、ファンドが主にEBITDAをベースにする（もちろんDCF法での企業価値も算定しますが）のは、ファンド自身が企業経営を行う場合もありますが、主体的に経営を行えない場合も多く、過去の実績であるEBITDAを使うほうが適切だとの判断もあるのだと思います。

では、実際の企業の数字を見てみましょう。花王の2014年12月期のEBITDAは2129億3000万円です。これは、損益計算書に載っている「営業利益」1332億7000万円に、キャッシュフロー計算書の「営業活動によるキャッシュ・フロー」にある「減価償却費」796億6000万円を足したものです。

2014年12月末の花王の時価総額は2兆3832億円、ネット有利子負債はマイナス61

億7900万円となります。これを先ほどの式に代入しますと、

（2129億円×x）－62億円＝2兆3832億円

x＝11・2倍

つまり、もし、時価総額で会社を買収するとすれば、EBITDA倍率は11・2倍と計算できます。時価総額で買収するとすると、少し高いかもしれませんね。

しかし、これはファンドなどのファイナンス的な視点です。もちろん、もし「シナジー（相乗効果）」を考える戦略的な買収者がいるとすれば、もっと高値で買収を考えることもあり得ます。この場合には、戦略的買収者はEBITDA倍率で考えるのではなく、先に説明したDCF法で考えることになるでしょう。自社と一緒になった場合に、考えられる将来のキャッシュフローを前提に会社の値段を考えるほうが、より合理的だからです。

◆◆◆◆◆ 会社の価値を上げるにはどうすればいいか？

ここまで、ＤＣＦ法とＥＢＩＴＤＡ倍率の考え方を説明してきました。

この二つには、ある決定的な違いがあります。先にも少し触れましたが、それは、**ＤＣＦ法は「未来の数字」を予測して計算する方法、ＥＢＩＴＤＡは「過去の数字」から計算する方法**ということです。

その点を考えますと、自分自身が会社を経営することができるようなプライベート・エクイティ・ファンドみたいなところであれば、未来の数字から計算するＤＣＦ法を使ってもいいのです。自分たちで事業を買収して経営できるのであれば、努力次第で将来のキャッシュフローをいくらでも変える（増やす）ことができるからです。

しかし、マイノリティ・インベスターのように、自分たちが経営に参加しないファンドから見ますと、未来のキャッシュフローはどうなるかをコントロールすることは難しいでしょう。ですから、過去の実績である、ＥＢＩＴＤＡ倍率で計算するのです。

つまり、自分たちが経営に参加しないファンドは過去の実績を、自身も経営に参加する事業投資家たちは未来の数字を見ているのです。

では会社の価値（値段）を高めるためにはどうすればいいのでしょうか。これは難しく考える必要はありません。先ほどのＤＣＦ法の式からも分かるように、将来のキャッシュフローを増やす、あるいは、ＥＢＩＴＤＡからは現在の利益を増やす、さらには、どんな場合でもネット有利子負債を削減することが、会社の値段を高めることにつながるのです。

第３章の「フリーキャッシュフロー」の説明のところ（２３４ページ）で、「稼ぐ」と「使う」という話をしました。「稼ぐ」とは、営業利益やフリーキャッシュフローを稼ぐことですが、その源泉は利益ですから、同時にＥＢＩＴＤＡを高めることにつながります。一方、「使う」にあたる、「未来への投資」や「財務の改善」は、ＤＣＦ法での会社の価値を高めます。いずれにしても、「稼ぐ」と「使う」を適切に行うことが、会社の値段を高めるということになります。

◆◆◆◆◆ ROEやROAの次に注目される指標「EVA」

第２章で、ＲＯＥとＲＯＡについて説明しました。このところは、ＲＯＥばかりが注目されていますが、**この先、確実にクローズアップされる指標は「EVA」**だと私は思います。

本書の最後は、このＥＶＡ（Economic Value Added＝経済付加価値）の説明です。米国のスターン・スチュワートという会社が企業業績を評価する指標として考案し、商標登録をしています。

では、「EVA」とはどんな指標なのでしょうか？「企業が生み出す経済的価値を測る指標」と言われていますが、どのように経済的価値を測るのでしょうか？

結論から言いますと、EVAはWACCとほとんど同じ概念です。

簡単にWACCの復習をしましょう。122ページの図をもう一度見てください。右サイドにある負債の調達コストは「金利」、純資産の調達コストは「株主の期待利回り（国債金利＋α）」でしたね。この二つの調達コストを加重平均したものがWACCです。

株主は、これを上回る「ROA（営業利益÷資産）」を求めていると説明しました。WACCは、資産全体にかかる調達コストを計算したものです。一方、ROAは資産全体がどれだけの利益（WACCと比較する場合は営業利益）を生んでいるかを見る指標ですから、この二つが比べられるのです。どちらも「率（％）」で計算します。

では、EVAの説明に入りましょう。**EVAはひと言でいうと、調達コストの「実額」で**

す。これまで、「負債の調達コストはX％」「純資産の調達コストはY％」と「率」で説明してきましたが、これを実額に換算したものがEVAです。

先ほど、「株主はWACCを上回るROA（営業利益ベース）を期待している」と説明しました。これを式に表しますと、左ページの図のようになります。

以上の考え方から、EVAが次の式として導きだされます。

EVA＝税引き後営業利益−総資本調達コスト

このEVAがゼロより大きければ、営業利益が資金調達コストをカバーできているということですし、ゼロより小さければカバーできていないということになります。ただ、式にもありますように、正確には「税引き後営業利益」で計算します。左ページの図では、考え方をシンプルにするために営業利益を使いましたが、考え方は同じです。皆さんは、考え方まで理解していただければと思います。

つまり、「EVA≧0」は「ROAはWACCより高くなければならない」と言ってい

◆図4-3 「EVA」の考え方

ROA ≧ WACC

＝

$\frac{営業利益}{資産}$ ≧ WACC

↓ 両辺に「資産」をかける

営業利益 ≧ 資産 × WACC

（資産 × WACC：資産全体にかかる調達コストの「実額」）

↓ 右辺を左辺に移項する

営業利益－資金調達コスト（実額） ≧ 0

↓

EVA ≧ 0

るのと同じなのです。「率（%）」で示す場合は「ROAとWACC」を比べ、「実額」で示す場合は「EVAと営業利益」を比べる、というだけの話です。

なぜEVAが必要なのか？

EVAの考え方は、ROAとほとんど同じです。EVAが「実額」で考えるのに対し、ROAは「率」であるという違いしかありません。では、なぜ実額が大事かと言いますと、企業の規模によって実額が大きく異なってくるからです。

例えば、三井物産と、私が経営する従業員11名の小さなコンサルタント会社のROA目標が同じだったとします。ところが、実額に換算するとどうでしょうか。三井物産は私の会社より事業規模が桁違いに大きいわけですから、EVAは大きく異なるわけです。ここで、率で考えるROAとWACCの比較だけでなく、実額で見るEVAも見る必要が出てくるのです。

また、事業を行う側から見ても、**EVAのほうが分かりやすく、実感を持ちやすい**のです。「ＲＯＡ10％を目指しましょう」と言うのと、「１００億円稼ぎましょう」と言うのでは、感覚が違いますよね。特に部門ごとの目標を定める場合は、実額のほうが分かりやすいのです。

すでにＥＶＡやそれに近い概念を導入している企業もあります。「はじめに」でも触れましたが、パナソニックは２０１５年4月から事業部ごとに「資本コストを上回る利益を上げているかどうか」という目標を定めて、利益率や資本効率の向上を目指しています。

これはまさにＥＶＡと同じ考え方です。今後は、パナソニックのように事業部ごとにＥＶＡ目標を定める企業が増えていくのではないでしょうか。以前から、ＥＶＡで業績管理をしている企業も少なくありません。

今、ＲＯＥばかりが注目されていますが、今後はＲＯＡ、ＥＶＡにも注目が集まるようになるでしょう。ＲＯＥは、ここまで説明してきたように、純資産（自己資本）に対するリターンに注目するものですが、企業経営においては、純資産だけでなく、資産全体に対するリターンも考えなければなりません。先にも説明したように、資産全体を考えることは、純資産のリターンを考えることにも当然つながるからです。純資産だけを考えるのではなく、資産全体のリターンを考えるほうが健全なことは言うまでもありません。

早ければ２０１５年秋頃から、新聞やニュースなどでＲＯＡやＥＶＡといった指標を見かけることが増えるのではないかと思います。ＲＯＥを高めようという流れが加速すると、経営者であればＲＯＡとＥＶＡを重視せざるを得なくなるからです。

◆◆◆◆◆経営指標は「人や社会を幸せにする経営」を実現するための道具

これまで、財務諸表の基本的な読み方から始まり、ＲＯＥとＲＯＡの考え方、財務三表を使った企業の「安全性」「収益性」「将来性」の分析法、さらにＤＣＦ法、ＥＢＩＴＤＡ倍率、ＥＶＡなどの上級者向けの指標まで、部長より上を目指すビジネスパーソンが最低限おさえておきたい経営指標や会計知識を説明してきました。

本書の最後で皆さんにお伝えしたいことは、ここで紹介したさまざまな**経営指標を良くすることは経営の最終目的ではない**、ということです。**あくまでも目標です。**

第2章の最後でも書きましたが、会社の存在意義というのは、あくまでも次の二つを実現することにあります。

①商品やサービスを提供することで、お客さまを幸せにし、社会に貢献すること

②会社で働く従業員たちを幸せにすること

経営指標というのは、あくまでもこの二つを実現するための道具（手段）や達成度合いを測るものに過ぎないのです。

「それならば、小難しい会計や経営指標などべつに学ばなくても、お客さまと社員のためになることだけを考えて経営や部門運営をしていけばいいではないか。ここまで頑張ってこの本を読んできた意味はなんだったのか！」と思われたかもしれません。

でも勘違いしないでください。私は経営指標や会計に関する知識はあくまでも道具であると言っているだけで、それが必要ないと言っているわけではないのです。

皆さんの社内におけるポジションが上がれば上がるほど、本書で解説してきた経営指標の重要性がお分かりになることと思います。

あなたがどんなに「社会（お客さま）や従業員（部下）を幸せにする経営や仕事をしよう」と強く思っていても、こうした指標＝目標がなければ、その経営が正しいのかどうかは

分かりません。他社との比較もできません。一方、今後、日本企業のコーポレートガバナンス（91ページ参照）が強化されていけば、目標達成が（目的達成ではない）が今以上に、求められることともなります。

かといって、「指標＝目標」を達成することだけにとらわれると、社会や従業員を幸せにするというあるべき経営の姿からどんどん外れていってしまう恐れがあります。例えばリストラを一気にやれば、ＲＯＥは簡単に高めることができますが（１０２ページ参照）、株主からどんなにＲＯＥを高めろという要求をされても、よっぽどのときでない限りはそんなことはやるべきではないでしょう。企業の持続的発展なしには、株主、特に長期保有の株主の利益も結果的に害することとなりかねません。

では、こうした指標を追いかけるだけの経営や、数字に振り回されるだけの経営にならないためにはどうすればいいのでしょうか。

そのためには、それぞれの経営指標の計算式や定義といった表面的な知識ではなく、それが意味するところまでを深く理解するとともに、さらには、正しい考え方をベースにした

「経営哲学」を磨くことが必要です。

本書はこの点を意識して、あえて取り上げる経営指標の数を経営上最重要なものに絞り、その分一つひとつを丁寧に解説しました。

本書を読むことで、読者の皆さんには、**「経営指標に振り回される人」**ではなく、**「経営指標を使いこなす人」**になっていただきたいと思っています。そして、経営指標を使って「社会と従業員を幸せにする経営」をぜひ実現していってください。

なお本書作成にあたり、ＰＨＰ研究所の中村康教さんと森脇早絵さんには大変お世話になりました。この場を借りて心よりお礼申し上げます。

PHP
Business Shinsho

小宮　一慶（こみや・かずよし）

経営コンサルタント。株式会社小宮コンサルタンツ代表。十数社の非常勤取締役や監査役も務める。

1957年、大阪府堺市生まれ。1981年、京都大学法学部卒業。東京銀行に入行。1984年7月から2年間、米国ダートマス大学経営大学院に留学。MBA取得。帰国後、同行で経営戦略情報システムやM＆Aに携わったのち、岡本アソシエイツ取締役に転じ、国際コンサルティングにあたる。その間の1993年初夏には、カンボジアPKOに国際選挙監視員として参加。

1994年5月からは、日本福祉サービス（現セントケア）企画部長として在宅介護の問題に取り組む。1996年に小宮コンサルタンツを設立し、現在に至る。

主な著書に、『ビジネスマンのための「発見力」養成講座』『ビジネスマンのための「数字力」養成講座』（以上、ディスカヴァー・トゥエンティワン）、『「1秒！」で財務諸表を読む方法』（東洋経済新報社）、『これだけ 財務諸表』（日経文庫）、『一番役立つ！ロジカルシンキング』『はじめてでもわかる財務諸表』（以上、ＰＨＰビジネス新書）など多数。

PHPビジネス新書 336

「ROEって何？」という人のための
経営指標の教科書

2015年7月 6日　第1版第1刷発行
2015年9月16日　第1版第4刷発行

著　者　小宮一慶
発行者　小林成彦
発行所　株式会社ＰＨＰ研究所
東京本部　〒135-8137　江東区豊洲5-6-52
ビジネス出版部　☎03-3520-9619（編集）
普及一部　☎03-3520-9630（販売）
京都本部　〒601-8411　京都市南区西九条北ノ内町11
PHP INTERFACE　http://www.php.co.jp/
装　幀　齋藤 稔（株式会社ジーラム）
組　版　朝日メディアインターナショナル株式会社
印刷所　共同印刷株式会社
製本所　東京美術紙工協業組合

ISBN978-4-569-82529-8

「ＰＨＰビジネス新書」発刊にあたって

わからないことがあったら「インターネット」で何でも一発で調べられる時代。本という形でビジネスの知識を提供することに何の意味があるのか……その一つの答えとして「**血の通った実務書**」というコンセプトを提案させていただくのが本シリーズです。

経営知識やスキルといった、誰が語っても同じに思えるものでも、ビジネス界の第一線で活躍する人の語る言葉には、独特の迫力があります。そんな、「**現場を知る人が本音で語る**」知識を、ビジネスのあらゆる分野においてご提供していきたいと思っております。

本シリーズのシンボルマークは、理屈よりも実用性を重んじた古代ローマ人のイメージです。彼らが残した知識のように、本書の内容が永きにわたって皆様のビジネスのお役に立ち続けることを願っております。

二〇〇六年四月

ＰＨＰ研究所

PHPビジネス新書

はじめてでもわかる財務諸表

危ない会社、未来ある会社の見分け方

小宮一慶 著

プロフェッショナルを目指すビジネスマンであれば、必ず身につけておきたい「財務諸表の読み方」を豊富な事例をもとに伝授。

定価 本体八六〇円（税別）

PHPビジネス新書ビジュアル

「60分」図解トレーニング

経営戦略

小宮一慶 著

戦略はQ・P・Sで決まる！　環境分析から戦略立案、そして実践まで、有名コンサルタントが現場で本当に使えるノウハウを初公開。

定価　本体一、〇〇〇円（税別）

PHPビジネス新書

一番役立つ！ ロジカルシンキング

小宮一慶 著

「何を言いたいんだ」「整理して話せ」と怒られている人、必読！ ロジカルシンキングを使って言いたいことをきちんと伝える方法を解説。

定価 本体八〇〇円（税別）

PHPの本

道をひらく

松下幸之助 著

運命を切りひらくために。日々を新鮮な心で迎えるために――。人生への深い洞察をもとに綴った短編随筆集。40年以上にわたって読み継がれる、発行500万部超のロングセラー。

定価 本体八七〇円（税別）